U0649240

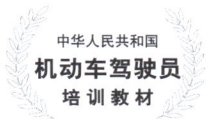

出租汽车驾驶员从业资格考试
全国公共科目培训教材（第二版）

交通运输部职业资格中心　组织编写

适用 类别

巡游出租汽车驾驶员
网络预约出租汽车驾驶员

人民交通出版社股份有限公司
China Communications Press Co.,Ltd.

内 容 提 要

本教材依据《出租汽车驾驶员从业资格管理规定》和《出租汽车驾驶员从业资格全国公共科目考试大纲》编写而成，共分为五个单元。教材内容以出租汽车驾驶员应知应会的知识为重点，以"遵章守法、安全运营、优质服务"为主线，突出对出租汽车驾驶员能力的培养和素质的提升，包括出租汽车相关政策、法律法规，出租汽车驾驶员社会责任与职业道德，出租汽车运营服务规范，出租汽车安全运营及其他相关知识。

本教材适合出租汽车驾驶员从业资格考试全国公共科目的培训使用。

图书在版编目（CIP）数据

出租汽车驾驶员从业资格考试全国公共科目培训教材/
交通运输部职业资格中心组织编写. — 2版. — 北京：
人民交通出版社股份有限公司, 2017.3
ISBN 978-7-114-13708-2

Ⅰ.①出… Ⅱ.①交… Ⅲ.①出租汽车—汽车驾驶员
—资格考试—教材 Ⅳ.①U469.120.9

中国版本图书馆CIP数据核字（2017）第043189号

声 明

Chuzu Qiche Jiashiyuan Congye Zige Kaoshi Quanguo Gonggong Kemu Peixun Jiaocai

书　　　名：**出租汽车驾驶员从业资格考试全国公共科目培训教材（第二版）**
著　作　者：交通运输部职业资格中心
责任编辑：姚　旭
出版发行：人民交通出版社股份有限公司
地　　　址：（100011）北京市朝阳区安定门外外馆斜街3号
网　　　址：http://www.ccpress.com.cn
销售电话：（010）59757973
总　经　销：人民交通出版社股份有限公司发行部
经　　　销：各地新华书店
印　　　刷：中国电影出版社印刷厂
开　　　本：787×1092　1/16
印　　　张：9
字　　　数：222千
版　　　次：2012年12月　第1版　2017年3月　第2版
印　　　次：2019年9月　第2版　第11次印刷　总第23次印刷
书　　　号：ISBN 978-7-114-13708-2
定　　　价：35.00元
（有印刷、装订质量问题的图书由本公司负责调换）

前 言

出租汽车作为城市综合交通运输体系的组成部分和城市公共交通的补充，为社会公众提供个性化运输服务，是城市重要的窗口服务行业，对于完善城市功能、方便群众出行、扩大社会就业具有重要作用。2016年，根据《国务院办公厅关于深化改革推进出租汽车行业健康发展的指导意见》（国办发〔2016〕58号）、《网络预约出租汽车经营服务管理暂行办法》（交通运输部 工业和信息化部 公安部 商务部 工商总局 质检总局 国家网信办令2016年第60号）等部署，交通运输部修订了《出租汽车驾驶员从业资格管理规定》（交通运输部令2016年第63号，以下简称部63号令），印发了《出租汽车驾驶员从业资格全国公共科目考试大纲》（交办运〔2016〕135号，以下简称考试大纲），明确巡游出租汽车和网络预约出租汽车驾驶员应当参加全国统一的公共科目考试，并对考试内容等作了适应性调整。

为满足考生备考和胜任岗位的需要，交通运输部职业资格中心组织编写了《出租汽车驾驶员从业资格考试全国公共科目培训教材（第二版）》。本教材紧扣部63号令和考试大纲要求，突出"遵章守法、安全运营、优质服务"的主线，内容涵盖出租汽车行业管理和服务的相关政策、法规、标准等，形式编排新颖、图文并茂、通俗易懂，重点模块辅以"小知识"等拓展知识结构，并附练习题检验和巩固学习成果，针对性、可读性较强，符合出租汽车驾驶员从业资格培训和自学的特点。相信本教材不仅能帮助考生准确把握全国公共科目考试要点、顺利通过考试，还可作为工具书指导从业人员日常工作。希望广大出租汽车驾驶员学好、用好这本教材，不断提升职业素质，为广大人民群众提供更加安全、规范、便捷、舒适的出租汽车服务。

本教材主要编写人员为李燕霞、容莉、全越悦、李勇、张鹏，在审稿过程中，饶南志、沃跃松、吴岳、王晓东、侯平、方铀、张亮、王剑、程国华、何亮、钟伟、姚旭等专家、编辑对本教材提出了宝贵意见和建议，在此一并致谢。由于编者水平有限，书中难免有不妥之处，敬请有关专家、学者和从事出租汽车客运服务的工作者批评指正，以便完善。

本书编写组

2017年3月

本教材使用说明

本教材可供出租汽车驾驶员从业资格考试全国公共科目培训使用。

请在使用之前详细阅读下面的说明，让这本教材在您的学习中发挥最大作用。

■ 插图的说明

本教材使用了大量的插图，目的是让广大出租汽车驾驶员能够用最直接的方式理解各种知识。为了帮助您更好地理解插图所表达的意思，特作如下说明。

| 平安熊 | 允许通行路线 | 禁止通行路线 | 绝对禁止 | 正确做法 |

■ 名词术语及解释说明

为了贯彻国家对语言文字规范的要求，本教材中的名词术语和计量单位都使用了国家规定的规范用语。为了方便出租汽车驾驶员使用与理解，下面列出各种常见规范术语及单位与通俗叫法的对照关系。

规范术语及单位	通 俗 叫 法
转向盘	方向盘
制动	刹车
制动踏板	脚刹、刹车踏板
加速踏板	油门
驻车制动器	手制动器、手刹
前照灯	大灯、前大灯
kg	千克
m	米
km	公里
r/min	转/分
h	小时
min	分钟
s	秒
L	升
mL	毫升
℃	摄氏度
N	牛顿

目 录

单元一

政策、法律法规

学习目标：

1. 熟悉出租汽车行业基本情况、定位和改革发展趋势；
2. 掌握出租汽车经营服务管理、驾驶员从业资格管理有关政策法规；
3. 熟悉道路交通安全、安全生产和消费者权益保障等相关法律法规。

模块一 出租汽车行业管理相关政策法规

一 出租汽车行业定位和改革发展趋势

出租汽车是城市的"窗口"行业，被称为城市的流动名片。我国的出租汽车最早于1903年出现在哈尔滨，随后在上海、北京、武汉等地发展起来。新中国成立后，特别是党的十一届三中全会以后，随着改革开放以及社会主义市场经济体制的逐步建立，我国出租汽车行业有了突飞猛进的发展。继北京、上海、天津、广州、武汉等大城市之后，全国很多中小城市也相继出现了出租汽车，出租汽车行业蓬勃发展起来。截至2015年底，全国共有出租汽车约139万辆，出租汽车经营企业约8500户，个体经营业户约13万户，从业人员260余万人，年客运量约400亿人次。

2014年以来，以移动互联网技术为依托的巡游出租汽车电召服务和网络预约出租汽车服务发展迅猛，对满足公众高品质、多样化、差异性出行需求产生了积极作用，伴随而来的巡游出租汽车行业转型升级，以及网络预约出租汽车新业态规范发展势在必行。为贯彻落实中央关于全面深化改革的决策部署，积极稳妥地推进出租汽车行业改革，鼓励创新，促进转型，更好地满足人民群众出行需求，国务院办公厅于2016年7月26日印发了《关于深化改革推进出租汽车行业健康发展的指导意见》（国办发〔2016〕58号）（以下简称《指导意见》），交通运输部会同有关部门陆续出台了《网络预约出租汽车经营服务管理暂行办法》（交通运输部 工业和信息化部 公安部 商务部 工商总局 质检总局 国家网信办令2016年第60号）、《出租汽车驾驶员从业资格管理规定》（交通运输部令2016年第63号）、《巡游出租汽车经营服务管理规定》

国务院办公厅关于深化改革推进出租汽车行业健康发展的指导意见

网络预约出租汽车经营服务管理暂行办法

（交通运输部令2016年第64号）等规章，以及《网络预约出租汽车运营服务规范》（JT/T 1068—2016）、《巡游出租汽车运营服务规范》（JT/T 1069—2016），对网络预约出租汽车（以下简称网约车）、巡游出租汽车（以下简称巡游车）经营服务管理和驾驶员从业资格管理等作出规范。

1 出租汽车行业定位

《指导意见》明确了出租汽车行业定位，即出租汽车是城市综合交通运输体系的组成部分，是城市公共交通的补充，为社会公众提供个性化运输服务。出租汽车服务主要包括巡游、网络预约等方式。城市人民政府要优先发展公共交通，适度发展出租汽车，优化城市交通结构。要统筹发展巡游车和网约车，实行错位发展和差异化经营，为社会公众提供品质化、多样化的运输服务。要根据大中小城市特点、社会公众多样化出行需求和出租汽车发展定位，综合考虑人口数量、经济发展水平、城市交通拥堵状况、出租汽车里程利用率等因素，合理把握出租汽车运力规模及在城市综合交通运输体系中的分担比例，建立动态监测和调整机制，逐步实现市场调节。新增和更新出租汽车，优先使用新能源汽车。

巡游车

网约车

2 出租汽车行业改革发展重点任务

深化出租汽车行业改革，要坚持优先发展公共交通、适度发展出租汽车的基本思路，推进出租汽车行业结构改革，切实提升服务水平和监管能力，构建多样化、差异化的出行服务体系，促进出租汽车行业持续健康发展，更好地满足人民群众的出行需求。

《指导意见》明确提出了当前出租汽车行业改革发展的重点任务。

1 改革出租汽车经营权管理制度

新增出租汽车经营权一律实行期限制，不得再实行无期限制。新增出租汽车经营权全部实行无偿使用，并不得变更经营主体。既有的出租汽车经营权，在期限内需要变更经营主体的，依照法律法规规定的条件和程序办理变更手续，不得炒卖和擅自转让。对于现有的出租汽车经营权未明确具体经营期限或已实行经营权有偿使用的，城市人民政府要综合考虑各方面因素，科学制定过渡方案，合理确定经营期限，逐步取消有偿使用费。建立完善以服务质量信誉为导向的经营权配置和管理制度，对经营权期限届满或经营过程中出现重大服务质量问题、重大安全生产责任事故、严重违法经营行为、服务质量信誉考核不合格等情形的，按有关规定收回经营权。

2 健全出租汽车企业和驾驶员利益分配制度

出租汽车经营者要依法与驾驶员签订劳动合同或经营合同。采取承包经营方式的承包人和取得经营权的个体经营者，应取得出租汽车驾驶员从业资格，按规定注册上岗并直接从事运营活动。要利用互联网技术更好地构建企业和驾驶员运营风险共担、利益合理分配的经营模式。鼓励、支持和引导出租汽车企业、行业协会与出租汽车驾驶员、工会组织平等协商，根据经营成本、运价变化等因素，合理确定并动态调整出租汽车承包费标准或定额任务，现有承包费标准或定额任务过高的要降低。要保护驾驶员合法权益，构建和谐劳动关系。严禁出租汽车企业向驾驶员收取高额抵押金，现有抵押金过高的要降低。

3 理顺价格形成机制

各地可根据本地区实际情况，对巡游车运价实行政府定价或政府指导价，并依法纳入政府定价目录。建立出租汽车运价动态调整机制，健全作价规则。对网约车实行市场调节价，城市人民政府认为确有必要的可实行政府指导价。

④ 推进巡游车转型升级

鼓励巡游车经营者、网约车平台公司按照现代企业制度实行公司化经营，实现新老业态融合发展。鼓励传统出租汽车企业转型提供网约车服务。鼓励巡游车通过电信、互联网等电召服务方式提供运营服务。鼓励个体经营者实行组织化管理。鼓励经营者加强品牌建设，主动公开服务标准和质量承诺，开展安全、诚信、优质服务创建活动，加强服务质量管理，提供高品质服务。

⑤ 规范网约车经营行为

网约车平台公司是运输服务的提供者，应具备线上线下服务能力，承担承运人责任和相应社会责任。提供网约车服务的驾驶员及其车辆，应符合提供载客运输服务的基本条件。网约车平台公司应当按照国家相关规定和标准提供运营服务，合理确定计程计价方式，保障运营安全和乘客合法权益，不得有不正当价格行为。加强网络和信息安全防护，建立健全数据安全管理制度，依法合规采集、使用和保护个人信息，不得泄露涉及国家安全的敏感信息，所采集的个人信息和生成的业务数据应当在中国内地存储和使用。网约车平台公司要维护和保障驾驶员合法权益。

⑥ 完善服务设施，加强信用体系建设

城市人民政府要将出租汽车综合服务区、停靠点、候客泊位等服务设施纳入城市基础设施建设规划，统筹合理布局，认真组织实施，妥善解决出租汽车驾驶员在停车、就餐、如厕等方面的实际困难。要落实服务质量信誉考核制度和驾驶员从业资格管理制度，制定出租汽车服务标准、经营者和从业人员信用管理制度，明确依法经营、诚信服务的基本要求。积极运用互联网、大数据、云计算等技术，建立出租汽车经营者和驾驶员评价系统，加强对违法违规及失信行为、投诉举报、乘客服务评价等信息的记录，作为出租汽车经营者和从业人员准入退出的重要依据，并纳入全国信用信息共享平台和全国企业信用信息公示系统。

二 出租汽车经营服务管理

① 概述

《巡游出租汽车经营服务管理规定》《网络预约出租汽车经营服务管理暂行办法》均自2016年11月1日起施行，二者明确了出租汽车经营服务的分类及相关概念。

"巡游出租汽车经营服务"，是指可在道路上巡游揽客、站点候客，喷涂、安装出租汽车标识，以7座及以下乘用车和驾驶劳务为乘客提供出行服务，并按照乘客意愿行驶，根据行驶里程和时间计费的经营活动。

"巡游出租汽车电召服务"，是指根据乘客通过电信、互联网等方式提出的服务需求，按照约定时间和地点提供巡游出租汽车运营服务。

"预约出租汽车经营服务"，是指以符合条件的7座及以下乘用车通过预约方式承揽乘客，并按照乘客意愿行驶，提供驾驶劳务，根据行驶里程、时间或者约定计费的经营活动。

"网络预约出租汽车经营服务"，是指以互联网技术为依托构建服务平台，整合供需信息，使用符合条件的车辆和驾驶员，提供非巡游的预约出租汽车服务的经营活动。

2 巡游出租汽车经营服务管理

❶ 发展定位

巡游车发展应当与城市经济社会发展相适应，与公共交通等客运服务方式协调发展。

❷ 基本要求

巡游车应当依法经营，诚实守信，公平竞争，优质服务。

❸ 经营许可

申请巡游车经营的，应当根据经营区域向相应的县级以上地方人民政府出租汽车行政主管部门提出申请，并符合下列条件：

（1）有符合机动车管理要求并满足以下条件的车辆或者提供保证满足以下条件的车辆承诺书。

①符合国家、地方规定的巡游车技术条件；

②有按照规定取得的巡游车车辆经营权。

（2）有取得符合要求的从业资格证的驾驶人员。

（3）有健全的经营管理制度、安全生产管理制度和服务质量保障制度。

（4）有固定的经营场所和停车场地。

国家鼓励通过服务质量招投标方式配置巡游车的车辆经营权。县级以上地方人民政府出租汽车行政主管部门应当根据投标人提供的运营方案、服务质量状况或者服务质量承诺、车辆设备和安全保障措施等因素，择优配置巡游车的车辆经营权，向中标人发放车辆经营权证明，并与中标人签订经营协议。

巡游车车辆经营权因故不能继续经营的，授予车辆经营权的出租汽车行政主管部门可优先收回。在车辆经营权有效期限内，需要变更车辆经营权经营主体的，应当到原许可机关办理变更许可手续。

巡游车经营者在车辆经营权期限内，不得擅自暂停或者终止经营。需要变更许可事项或者暂停、终止经营的，应当提前30日向原许可机关提出申请，依法办理相关手续。巡游车经营者终止经营的，应当将相关的《道路运输经营许可证》和《道路运输证》等交回原许可机关。

巡游车经营者取得经营许可后无正当理由超过180日不投入符合要求的车辆运营或者运营后连续180日以上停运的，视为自动终止经营，由原许可机关收回相应的巡游车车辆经营权。

巡游车经营者合并、分立或者变更经营主体名称的，应当到原许可机关办理变更许可手续。

投入运营的巡游车车辆应当安装符合规定的计程计价设备、具有行驶记录功能的车辆卫星定位装置、应急报警装置，按照要求喷涂车身颜色和标识，设置有中英文"出租汽车"字样的顶灯和能显示空车、暂停运营、电召等运营状态的标志，按照规定在车辆醒目位置标明运价标准、乘客须知、经营者名称和服务监督电话。

❹ 运营服务

巡游车运营时，车容车貌、设施设备应

当符合以下要求：

（1）车身外观整洁完好，车厢内整洁、卫生，无异味；

您的车里真干净。

谢谢，这是我应该做到的。

（2）车门功能正常，车窗玻璃密闭良好，无遮蔽物，升降功能有效；

车门开闭正常

车窗密封良好

车窗清洁明亮

玻璃升降顺畅

刮水器功能完好

（3）座椅牢固无塌陷，前排座椅可前后移动，靠背倾度可调，安全带和锁扣齐全、有效；

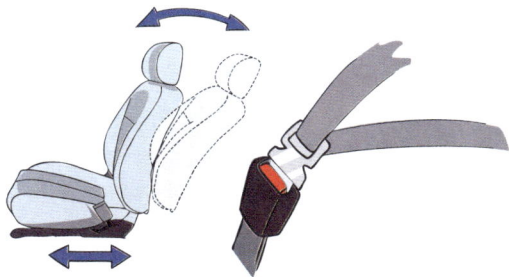

（4）座套、头枕套、脚垫齐全；

干净整洁的内饰环境能使乘客更舒心。

（5）计程计价设备、顶灯、运营标志、服务监督卡（牌）、车载信息化设备等完好有效。

巡游车经营者应当遵守下列规定：

（1）在许可的经营区域内从事经营活动，超出许可的经营区域的，起讫点一端应当在许可的经营区域内；

（2）保证营运车辆性能良好；

（3）按照国家相关标准运营服务；

（4）保障聘用人员合法权益，依法与其签订劳动合同或者经营合同；

（5）加强对从业人员的管理和培训教育；

（6）不得将巡游车交给未经从业资格注册的人员运营。

巡游车驾驶员应当按照国家出租汽车服务标准提供服务，并遵守下列规定：

（1）做好运营前例行检查，保持车辆设施、设备完好，车容整洁，备齐发票、备足零钱；

（2）衣着整洁，语言文明，主动问候，提醒乘客系好安全带；

（3）根据乘客意愿升降车窗玻璃及使用空调、音响、视频等服务设备；

（4）乘客携带行李时，主动帮助乘客取放行李；

（5）主动协助老、幼、病、残、孕等乘客上下车；

（6）不得在车内吸烟，忌食有异味的食物；

（7）随车携带道路运输证、从业资格

证，并按规定摆放、粘贴有关证件和标志；

（8）按照乘客指定的目的地选择合理路线行驶，不得拒载、议价、途中甩客、故意绕道行驶；

（9）在机场、火车站、汽车客运站、港口、公共交通枢纽等客流集散地载客时应当文明排队，服从调度，不得违反规定在非指定区域揽客；

（10）未经乘客同意不得搭载其他乘客；

（11）按规定使用计程计价设备，执行收费标准并主动出具有效车费票据；

（12）遵守道路交通安全法规，文明礼让行车。

巡游车驾驶员遇到下列特殊情形时，应当按照下列方式办理：

（1）乘客对服务不满意时，虚心听取批评意见；

（2）发现乘客遗失财物，设法及时归还失主；无法找到失主的，及时上交巡游车企业或者有关部门处理，不得私自留存；

（3）发现乘客遗留可疑危险物品的，立即报警。

乘客要求去偏远、冷僻地区或者夜间要求驶出城区的，驾驶员可以要求乘客随同到就近的有关部门办理验证登记手续；乘客不予配合的，驾驶员有权拒绝提供服务。

巡游车运营过程中有下列情形之一的，乘客有权拒绝支付费用：

（1）驾驶员不按照规定使用计程计价设备，或者计程计价设备发生故障时继续运营；

（2）驾驶员不按照规定向乘客出具相应车费票据；

（3）驾驶员因发生道路交通安全违法行为接受处理，不能将乘客及时送达目的地；

（4）驾驶员拒绝按规定接受刷卡付费。

巡游车电召服务应当符合下列要求：

（1）根据乘客通过电信、互联网等方式提出的服务需求，按照约定时间和地点提供巡游车运营服务。

（2）巡游车电召服务平台应当提供24h不间断服务。

（3）电召服务人员接到乘客服务需求后，应当按照乘客需求及时调派巡游车。

（4）巡游车驾驶员接受电召任务后，应当按照约定时间到达约定地点。乘客未按约定候车时，驾驶员应当与乘客或者电召服务人员联系确认。

（5）乘客上车后，驾驶员应当向电召服务人员发送乘客上车确认信息。

巡游车经营者应当建立24h服务投诉值班制度，接到乘客投诉后，应当及时受理，10日内处理完毕，并将处理结果告知乘客。

⑤ 法律责任

巡游车驾驶员有违反《巡游出租汽车经营服务管理规定》行为的，负相应的法律责任，接受处罚。违反规定行为及处罚标准见表1-1。

违反规定行为及处罚标准 表1-1

序号	违反规定的行为	处罚标准
1	未取得巡游车经营许可，擅自从事巡游车经营活动	由县级以上地方人民政府出租汽车行政主管部门责令改正，并处5000元以上20000元以下罚款。构成犯罪的，依法追究刑事责任
2	起讫点均不在许可的经营区域从事巡游车经营活动	
3	使用未取得道路运输证的车辆，擅自从事巡游车经营活动	
4	使用失效、伪造、变造、被注销等无效道路运输证的车辆从事巡游车经营活动	

序号	违反规定的行为	处罚标准
5	拒载、议价、途中甩客或者故意绕道行驶	
6	未经乘客同意搭载其他乘客	
7	不按照规定使用计程计价设备、违规收费	
8	不按照规定出具相应车费票据	由县级以上地方人民政府出租汽车行政主管部门责令改正，并处200元以上2000元以下罚款
9	不按照规定携带道路运输证、从业资格证	
10	不按照规定使用巡游车相关设备	
11	接受巡游车电召任务后未履行约定	
12	不按照规定使用文明用语，车容车貌不符合要求	
13	在机场、火车站、汽车客运站、港口、公共交通枢纽等客流集散地不服从调度私自揽客	由县级以上地方人民政府出租汽车行政主管部门责令改正，并处500元以上2000元以下罚款
14	转让、倒卖、伪造巡游车相关票据	

注：地方性法规、政府规章对巡游车经营违法行为需要承担的法律责任与本规定有不同规定的，从其规定。

3 网络预约出租汽车经营服务管理

1 发展定位

坚持优先发展城市公共交通、适度发展出租汽车，按照高品质服务、差异化经营的原则，有序发展网约车。

2 经营许可

（1）经营者。申请从事网约车经营的，应当具备线上线下服务能力，符合下列条件：①具有企业法人资格；②具备开展网约车经营的互联网平台和与拟开展业务相适应的信息数据交互及处理能力，具备供交通、通信、公安、税务、网信等相关监管部门依法调取查询相关网络数据信息的条件，网络服务平台数据库接入出租汽车行政主管部门监管平台，服务器设置在中国内地，有符合规定的网络安全管理制度和安全保护技术措施；③使用电子支付的，应当与银行、非银行支付机构签订提供支付结算服务的协议；④有健全的经营管理制度、安全生产管理制度和服务质量保障制度；⑤在服务所在地有相应服务机构及服务能力；⑥法律法规规定的其他条件。外商投资网约车经营的，除符合上述条件外，还应当符合外商投资相关法律法规的规定。

（2）车辆。从事网约车经营的车辆，应当符合以下条件：①7座及以下乘用车；②安装具有行驶记录功能的车辆卫星定位装置、应急报警装置；③车辆技术性能符合运营安全相关标准要求。车辆的具体标准和营运要求，由相应的出租汽车行政主管部门，按照高品质服务、差异化经营的发展原则，结合本地实际情况确定。服务所在地出租汽车行政主管部门依车辆所有人或者网约车平台公司申请，按《网络预约出租汽车经营服务管理暂行办法》第十二条规定的条件审核后，对符合条件并登记为预约出租客运的车辆发放《网络预约出租汽车运输证》。城市人民政府对网约车发放《网络预约出租汽车运输证》另有规定的，从其规定。

（3）驾驶员。从事网约车服务的驾驶员，应当符合以下条件：①取得相应准驾车型机动车驾驶证并具有3年以上驾驶经历；②无交通肇事犯罪、危险驾驶犯罪记录，无吸毒记录，无饮酒后驾驶记录，最近连续3个记分周期内没有记满12分记录；③无暴力犯罪记录；④城市人民政府规定的其他条件。

服务所在地设区的市级出租汽车行政主管部门依驾驶员或者网约车平台公司申请，按《网络预约出租汽车经营服务管理暂行办法》第十四条规定的条件核查并按规定考核后，为符合条件且考核合格的驾驶员发放《网络预约出租汽车驾驶员证》。

❸ 经营行为

（1）网约车平台公司承担承运人责任。

（2）网约车平台公司应当保证提供服务的车辆和驾驶员具备合法资质，具有营运车辆相关保险，与驾驶员签订多种形式的劳动合同或者协议，开展有关法律法规、职业道德、服务规范、安全运营等方面的岗前培训和日常教育，保证线上提供服务的车辆、驾驶员与线下实际提供服务的车辆、驾驶员一致，并将车辆、驾驶员相关信息向服务所在地出租汽车行政主管部门报备。

（3）网约车平台公司应当记录驾驶员、约车人在其服务平台发布的信息内容、用户注册信息、身份认证信息、订单日志、上网日志、网上交易日志、行驶轨迹日志等数据并备份。

（4）网约车平台公司应当公布确定符合国家有关规定的计程计价方式，明确服务项目和质量承诺，建立服务评价体系和乘客投诉处理制度，如实采集与记录驾驶员服务信息。在提供网约车服务时，提供驾驶员姓名、照片、手机号码和服务评价结果，以及车辆牌照等信息。网约车平台公司应当合理确定网约车运价，实行明码标价，并向乘客提供相应的出租汽车发票。

请拿好您的发票。

（5）网约车应当在许可的经营区域内从事经营活动，超出许可的经营区域的，起讫点一端应当在许可的经营区域内。

（6）网约车平台公司应当依法纳税，为乘客购买承运人责任险等相关保险，充分保障乘客权益。

（7）网约车平台公司和驾驶员提供经营服务应当符合国家有关运营服务标准，不得途中甩客或者故意绕道行驶，不得违规收费，不得对举报、投诉其服务质量或者对其服务作出不满意评价的乘客实施报复行为。

（8）网约车平台公司应当通过其服务平台以显著方式将驾驶员、约车人和乘客等个人信息的采集和使用的目的、方式和范围进行告知。未经信息主体明示同意，网约车平台公司不得使用前述个人信息用于开展其他业务。网约车平台公司采集驾驶员、约车人和乘客的个人信息，不得超越提供网约车业务所必需的范围。

除配合国家机关依法行使监督检查权或者刑事侦查权外，网约车平台公司不得向任何第三方提供驾驶员、约车人和乘客的姓名、联系方式、家庭住址、银行账户或者支付账户、地理位置、出行线路等个人信息，不得泄露地理坐标、地理标志物等涉及国家安全的敏感信息。发生信息泄露后，网约车平台公司应当及时向相关主管部门报告，并采取及时有效的补救措施。

网约车平台公司应当遵守国家网络和信息安全有关规定，所采集的个人信息和生成的业务数据，应当在中国内地存储和使用，

价格怎么翻倍了？

保存期限不少于2年，除法律法规另有规定外，上述信息和数据不得外流。

网约车平台公司不得利用其服务平台发布法律法规禁止传播的信息，不得为企业、个人及其他团体、组织发布有害信息提供便利，并采取有效措施过滤阻断有害信息传播。发现他人利用其网络服务平台传播有害信息的，应当立即停止传输，保存有关记录，并向国家有关机关报告。

（9）网约车平台公司应当依照法律规定，为公安机关依法开展国家安全工作，防范、调查违法犯罪活动提供必要的技术支持与协助。

（10）任何企业和个人不得向未取得合法资质的车辆、驾驶员提供信息对接开展网约车经营服务。不得以私人小客车合乘名义提供网约车经营服务。网约车车辆和驾驶员不得通过未取得经营许可的网络服务平台提供运营服务。

（11）网约车驾驶员不再具备从业条件或者有严重违法行为的，由县级以上出租汽车行政主管部门依据相关法律法规的有关规定撤销或者吊销从业资格证件。对网约车驾驶员的行政处罚信息计入驾驶员和网约车平台公司信用记录。

4 法律责任

网约车驾驶员有违反《网络预约出租汽车经营服务管理暂行办法》行为的，负相应的法律责任，接受处罚。违反规定行为及处罚标准见表1-2。

违反规定行为及处罚标准　　　　　　　　　　　　　表1-2

序号	违反规定的行为	处罚标准
1	未取得经营许可，擅自从事或者变相从事网约车经营活动	由县级以上出租汽车行政主管部门责令改正，予以警告，并处1万元以上3万元以下罚款；构成犯罪的，依法追究刑事责任
2	伪造、变造或者使用伪造、变造、失效的《网络预约出租汽车运输证》《网络预约出租汽车驾驶员证》从事网约车经营活动	
3	未按照规定携带《网络预约出租汽车运输证》《网络预约出租汽车驾驶员证》	
4	途中甩客或者故意绕道行驶	由县级以上出租汽车行政主管部门和价格主管部门按照职责责令改正，对每次违法行为处50元以上200元以下罚款
5	违规收费	
6	对举报、投诉其服务质量或者对其服务作出不满意评价的乘客实施报复行为	
7	违法使用或者泄露约车人、乘客个人信息	由公安、网信等部门依照各自职责处2000元以上10000元以下罚款；给信息主体造成损失的，依法承担民事责任；涉嫌犯罪的，依法追究刑事责任。

三 出租汽车驾驶员从业资格管理

1 概述

为规范出租汽车驾驶员从业行为，提升出租汽车客运服务水平，交通运输部修订了《出租汽车驾驶员从业资格管理规定》，自2016年

出租汽车驾驶员从业资格管理规定

10月1日起施行。该规定包括总则、考试、注册、继续教育、从业资格证件管理和法律责任等内容，共7章47条。

1 管理范围

出租汽车驾驶员从业资格包括巡游车驾驶员从业资格和网约车驾驶员从业资格等。

2 工作原则

出租汽车驾驶员从业资格管理工作应当

公平、公正、公开和便民。

3 基本要求

出租汽车驾驶员应当依法经营、诚实守信、文明服务、保障安全。

2 从业资格制度体系

出租汽车驾驶员从业资格管理主要包括考试、注册、继续教育和从业资格证件管理4项制度，形成了完整的出租汽车驾驶员从业资格制度体系。其中，考试制度主要解决出租汽车驾驶员入门问题，把好从业资格准入关；注册制度主要解决出租汽车驾驶员一次考试终身有效问题，把好从业资格动态管理关；继续教育制度主要解决出租汽车驾驶员知识更新问题，丰富运营服务安全知识，把好从业人员素质提升关；从业资格证件管理制度主要解决出租汽车驾驶员从业资格证件管理问题，把好监督管理关。

3 从业资格考试制度

1 考试科目及内容

出租汽车驾驶员从业资格考试包括全国公共科目和区域科目考试。

全国公共科目考试是对国家出租汽车法律法规、职业道德、服务规范、安全运营等具有普遍规范要求的知识测试。

巡游车驾驶员从业资格区域科目考试是对地方出租汽车政策法规、经营区域人文地理和交通路线等具有区域服务特征的知识测试。

网约车驾驶员从业资格区域科目考试是对地方出租汽车政策法规等具有区域规范要求的知识测试。设区的市级以上地方人民政府出租汽车行政主管部门可以根据区域服务特征自行确定其他考试内容。

2 考试大纲和考试题库的编制

全国公共科目考试实行全国统一考试大纲。全国公共科目考试大纲、考试题库由交通运输部负责编制。

区域科目考试大纲和考试题库由设区的市级以上地方人民政府出租汽车行政主管部门负责编制。

3 考试的组织实施和形式

出租汽车驾驶员从业资格考试由设区的市级以上地方人民政府出租汽车行政主管部门按照交通运输部编制的考试工作规范和程序组织实施。

设区的市级出租汽车行政主管部门对符合申请条件的申请人，应当按照出租汽车驾驶员从业资格考试工作规范及时安排考试。

首次参加出租汽车驾驶员从业资格考试的申请人，全国公共科目和区域科目考试应当在首次申请考试的区域完成。

鼓励推广使用信息化方式和手段组织实施出租汽车驾驶员从业资格考试。

4 考试报名条件

申请参加出租汽车驾驶员从业资格考试的，应当符合下列条件：①取得相应准驾车型机动车驾驶证并具有3年以上驾驶经历；②无交通肇事犯罪、危险驾驶犯罪记录，无吸毒记录，无饮酒后驾驶记录，最近连续3个记分周期内没有记满12分记录；③无暴力犯罪记录；④城市人民政府规定的其他条件。

5 考试报名程序

拟从事出租汽车客运服务的，应当填写《出租汽车驾驶员从业资格证申请表》，向所在地设区的市级出租汽车行政主管部门申请参加出租汽车驾驶员从业资格考试，并提交符合规定的证明或者承诺材料：①机动车驾驶证及复印件；②无交通肇事犯罪、危险驾驶犯罪记录，无吸毒记录，无饮酒后驾驶记录，最近连续3个记分周期内没有记满12分记录的材料；③无暴力犯罪记录的材料；

④身份证明及复印件；⑤城市人民政府规定的其他材料。

⑥ 考试成绩的公布及有效期

设区的市级出租汽车行政主管部门应当在考试结束10日内公布考试成绩。考试合格成绩有效期为3年。

全国公共科目考试成绩在全国范围内有效，区域科目考试成绩在所在地行政区域内有效。

⑦ 发证

出租汽车驾驶员从业资格考试全国公共科目和区域科目考试均合格的，设区的市级出租汽车行政主管部门应当自公布考试成绩之日起10日内向巡游车驾驶员核发《巡游出租汽车驾驶员证》、向网约车驾驶员核发《网络预约出租汽车驾驶员证》。

出租汽车驾驶员到从业资格证发证机关核定的范围外从事出租汽车客运服务的，应当参加当地的区域科目考试。区域科目考试合格的，由当地设区的市级出租汽车行政主管部门核发从业资格证。

鼓励推广使用从业资格电子证件。采用电子证件的，应当包含证件式样所确定的相关信息。

4 从业资格注册制度

① 注册要求

取得从业资格证的出租汽车驾驶员，应当经出租汽车行政主管部门进行从业资格注册后，方可从事出租汽车客运服务。

出租汽车经营者应当聘用取得从业资格证的出租汽车驾驶员，并在出租汽车驾驶员办理从业资格注册后再安排上岗。

② 注册条件和程序

巡游车驾驶员申请从业资格注册或者延续注册的，应当填写《巡游出租汽车驾驶员从业资格注册登记表》，持其从业资格证及与出租汽车经营者签订的劳动合同或者经营合同，到发证机关所在地出租汽车行政主管部门申请注册。

个体巡游车经营者自己驾驶出租汽车从事经营活动的，持其从业资格证及车辆运营证申请注册。

网约车驾驶员的注册，通过出租汽车经营者向发证机关所在地出租汽车行政主管部门报备完成，报备信息包括驾驶员从业资格证信息、与出租汽车经营者签订的劳动合同或者协议等。

③ 注册有效期与延续注册

注册有效期为3年。

巡游车驾驶员注册有效期届满需继续从事出租汽车客运服务的，应当在有效期届满30日前，向所在地出租汽车行政主管部门申请延续注册。

出租汽车驾驶员不具有完全民事行为能力，或者受到刑事处罚且刑事处罚尚未执行完毕的，不予延续注册。

④ 重新注册和注销注册

巡游车驾驶员变更服务单位的，应当重新申请注册。

巡游车驾驶员在从业资格注册有效期内，与出租汽车经营者解除劳动合同或者经营合同的，应当在20日内向原注册机构报告，并申请注销注册。

网约车驾驶员与出租汽车经营者解除劳动合同或者协议的，通过出租汽车经营者向发证机关所在地出租汽车行政主管部门报备完成注销。

5 继续教育制度

① 继续教育学时

出租汽车驾驶员在注册期内应当按规定完成继续教育。

取得从业资格证超过3年未申请注册的，注册后上岗前应当完成不少于27学时的继续教育。

2 继续教育内容

交通运输部统一制定出租汽车驾驶员继续教育大纲并向社会公布。继续教育大纲内容包括出租汽车相关政策法规、社会责任和职业道德、服务规范、安全运营和节能减排知识等。

3 继续教育组织实施

出租汽车驾驶员继续教育由出租汽车经营者组织实施。

4 继续教育报备及记录

出租汽车驾驶员完成继续教育后，应当由出租汽车经营者向所在地出租汽车行政主管部门报备，出租汽车行政主管部门在出租汽车驾驶员从业资格证中予以记录。

5 培训档案

出租汽车经营者应当建立学员培训档案，将继续教育计划、继续教育师资情况、参培学员登记表等纳入档案管理，并接受出租汽车行政主管部门的监督检查。

6 从业资格证管理制度

1 从业资格证的制发和管理

出租汽车驾驶员从业资格证由交通运输部统一制发并制定编号规则。设区的市级出租汽车行政主管部门负责从业资格证的发放和管理工作。

出租汽车驾驶员在从事出租汽车客运服务时，应当携带从业资格证。

出租汽车驾驶员从业资格证不得转借、出租、涂改、伪造或者变造。

2 从业资格证补证和换证

出租汽车驾驶员从业资格证遗失、毁损的，应当到原发证机关办理证件补（换）发手续。

出租汽车驾驶员办理从业资格证补（换）发手续，应当填写《出租汽车驾驶员从业资格证补（换）发登记表》。出租汽车行政主管部门应当对符合要求的从业资格证

补（换）发申请予以办理。

3 从业资格证注销

出租汽车驾驶员有下列情形之一的，由发证机关注销其从业资格证。从业资格证被注销的，应当及时收回；无法收回的，由发证机关公告作废：①持证人死亡的；②持证人申请注销的；③持证人达到法定退休年龄的；④持证人机动车驾驶证被注销或者被吊销的；⑤因身体健康等其他原因不宜继续从事出租汽车客运服务的。

4 从业资格证撤销

出租汽车驾驶员有下列不具备安全运营条件情形之一的，由发证机关撤销其从业资格证，并公告作废：①持证人身体健康状况不再符合从业要求且没有主动申请注销从业资格证的；②有交通肇事犯罪、危险驾驶犯罪记录，有吸毒记录，有饮酒后驾驶记录，有暴力犯罪记录，最近连续3个记分周期内记满12分记录。

5 从业资格管理档案

出租汽车行政主管部门应当建立出租汽车驾驶员从业资格管理档案。

出租汽车驾驶员从业资格管理档案包括：从业资格考试申请材料、从业资格证申请、注册及补（换）发记录、违法行为记录、交通责任事故情况、继续教育记录和服务质量信誉考核结果等。

6 从业行为管理

出租汽车驾驶员在运营过程中，应当遵守国家对驾驶员在法律法规、职业道德、服务规范、安全运营等方面的资格规定，文明行车、优质服务。

出租汽车驾驶员不得有下列行为：①途中甩客或者故意绕道行驶；②不按照规定携带道路运输证、从业资格证；③不按照规定使用出租汽车相关设备；④不按照规定使用文明用语，车容车貌不符合要求；⑤未经乘客同意搭载其他乘客；⑥不按照规定出具相应车费票据；⑦网约车驾驶员违反规定巡游揽客、站点候客；⑧巡游车驾驶员拒载，或

者未经约车人或乘客同意、网约车驾驶员无正当理由未按承诺到达约定地点提供预约服务；⑨巡游车驾驶员不按照规定使用计程计价设备、违规收费或者网约车驾驶员违规收费；⑩对举报、投诉其服务质量或者对其服务作出不满意评价的乘客实施报复。

出租汽车驾驶员有上述违法行为的，应当加强继续教育；情节严重的，出租汽车行政主管部门应当对其延期注册。

出租汽车经营者应当维护出租汽车驾驶员的合法权益，为出租汽车驾驶员从业资格注册、继续教育等提供便利。

出租汽车行政主管部门应当加强对出租汽车驾驶员的从业管理，将其违法行为记录作为服务质量信誉考核的依据。

7 法律责任

出租汽车驾驶员有违反《出租汽车驾驶员从业资格管理规定》行为的，负相应的法律责任，接受处罚。违反规定行为及处罚标准见表1-3。

违反规定行为及处罚标准   表1-3

序号	违反规定的行为	处罚标准
1	未取得从业资格证或者超越从业资格证核定范围，驾驶出租汽车从事经营活动	由县级以上出租汽车行政主管部门责令改正，并处1万元以上3万元以下罚款；构成犯罪的，依法追究刑事责任
2	使用失效、伪造、变造的从业资格证，驾驶出租汽车从事经营活动	
3	转借、出租、涂改从业资格证	
4	未经从业资格注册从事出租汽车客运服务	由县级以上出租汽车行政主管部门责令改正，并处200元以上2000元以下罚款
5	途中甩客或者故意绕道行驶	
6	不按照规定携带道路运输证、从业资格证	
7	不按照规定使用出租汽车相关设备	
8	不按照规定使用文明用语，车容车貌不符合要求	
9	未经乘客同意搭载其他乘客	
10	不按照规定出具相应车费票据	
11	网约车驾驶员违反规定巡游揽客、站点候客	
12	巡游车驾驶员拒载，或者未经约车人或乘客同意、网约车驾驶员无正当理由未按承诺到达约定地点提供预约服务	
13	巡游车驾驶员不按照规定使用计程计价设备、违规收费或者网约车驾驶员违规收费	
14	对举报、投诉其服务质量或者对其服务作出不满意评价的乘客实施报复	

注：地方性法规、政府规章对出租汽车驾驶员违法行为需要承担的法律责任与本规定有不同规定的，从其规定。

（四）出租汽车驾驶员服务质量信誉考核

为规范出租汽车经营行为，建立完善行业诚信体系，提升出租汽车服务水平，交通运输部于2018年出台了《出租汽车服务质量信誉考核办法》（交运发〔2018〕58号），对出租汽车企业和驾驶员服务质量信誉考核作了明确规定。出租汽车驾驶员服务质量信誉考核，是指在一定的考核周期内，对驾驶员在出租汽车服务中遵纪守法、安全生产、经营行为和运营服务等方面的综合评价。

1 考核等级

1 考核等级划分

考核等级分为优良、合格、基本合格和不合格，分别用AAA级、AA级、A级和B级表示。

2 考核内容

（1）遵守法规：遵守相关法律、法规、规章等情况。

（2）安全生产：参加教育培训和发生交通责任事故等情况。

（3）经营行为：发生交通违法行为、经营违法行为等情况。

（4）运营服务：文明优质服务、维护乘客权益、乘客投诉等情况。

3 考核分值、周期及计分标准

（1）实行基准分值为20分的计分制，另外加分分值为10分。

（2）计分周期为每年的1月1日至12月31日。

（3）取得从业资格证件但在考核周期内未注册在岗的，不参加服务质量信誉考核。

（4）违反服务质量信誉考核指标的，一次扣分分值分别为：1分、3分、5分、10分、20分5种，扣至0分为止。

（5）出租汽车驾驶员有见义勇为、救死扶伤、拾金不昧等先进事迹的，出租汽车行政主管部门应给予相应加分奖励，加分累计不得超过10分。

2 考核等级评定标准

（1）出租汽车驾驶员服务质量信誉考核等级按照下列标准进行评定：

①考核周期内综合得分为20分及以上的，考核等级为AAA级。

②考核周期内综合得分为11～19分的，考核等级为AA级。

③考核周期内综合得分为4～10分的，考核等级为A级。

④考核周期内综合得分为0～3分的，考核等级为B级。

（2）出租汽车驾驶员在考核周期内注册在岗时间少于6个月的，其服务质量信誉考核等级最高为AA级。

小知识

出租汽车驾驶员服务质量信誉考核计分标准

巡游出租汽车驾驶员服务质量信誉考核评分标准

网络预约出租汽车驾驶员服务质量信誉考核评分标准

---

3 考核组织实施、签注程序

服务质量信誉考核工作每年进行一次。出租汽车驾驶员应当在考核周期届满后30日内，持本人的从业资格证到当地出租汽车行政主管部门签注考核等级。出租汽车驾驶员一个考核周期届满，经签注服务质量信誉考核等级后，该考核周期内的扣分与加分予以清除，不转入下一个考核周期。

出租汽车驾驶员在考核周期内综合得分计至3分及以下的，应当在计至3分及以下之日起15日内，按有关规定进行培训，并到出租汽车行政主管部门办理清除计分手续。

4 考核奖惩

（1）出租汽车行政主管部门应当在巡游车服务监督卡上标注巡游车驾驶员服务质量信誉考核等级，网约车驾驶员服务质量信誉考核等级由网约车平台公司在移动互联网应用程序客户端上标注。

（2）鼓励出租汽车行政主管部门、出租汽车企业以及相关社团组织对服务质量信誉考核等级为AAA级的出租汽车驾驶员进行表彰奖励。

（3）出租汽车企业应当加强对服务质量信誉考核等级为B级的出租汽车驾驶员的教育和管理。

（4）出租汽车驾驶员有下列情形之一的，出租汽车行政主管部门应当将其列入不良记录名单：

①在考核周期内服务质量信誉考核综合得分为0分，且未按照规定参加培训的；

②连续两个考核周期服务质量信誉考核等级均为B级的；

③在一个考核周期内累积综合得分有2次以上被计至3分以下的；

④无正当理由超过规定时间，未签注服务质量信誉考核等级的；

⑤发生其他严重违法行为或服务质量事故的。

出租汽车行政主管部门应当建立不良记录驾驶员名单数据库，并加强对不良记录驾驶员的培训教育和管理。

模块二 交通安全及权益保障相关法律法规

出租汽车驾驶员的法律意识，直接影响到服务质量和经营理念。只有不断学习和掌握新的国家法律法规、政策，强化法律意识，才能维护自身的合法权益，遵章守法、诚实守信运营。

一 道路交通安全相关法律法规

1 中华人民共和国安全生产法

为加强安全生产工作，防止和减少生产安全事故，保障人民群众生命和财产安全，促进经济社会持续健康发展，《中华人民共和国安全生产法》（以下简称《安全生产法》）于2002年颁布，并于2009年、2014年进行了两次修正，最新修正的版本自2014年12月1日起施行。

中华人民共和国安全生产法有关规定

《安全生产法》规定的危险物品，是指易燃易爆物品、危险化学品、放射性物品等能够危及人身安全和财产安全的物品。

生产安全一般事故、较大事故、重大事故、特别重大事故的划分标准由国务院规定。

安全生产应当以人为本，坚持安全发展，坚持安全第一、预防为主、综合治理的方针，强化和落实出租汽车企业的主体责任，建立出租汽车企业负责、职工参与、政府监管、行业自律和社会监督的机制。

有关协会组织依照法律、行政法规和章程，为生产经营单位提供安全生产方面的信息、培训等服务，发挥自律作用，促进生产经营单位加强安全生产管理。

国家对在改善安全生产条件、防止生产安全事故、参加抢险救护等方面取得显著成绩的单位和个人，给予奖励。

矿山、金属冶炼、建筑施工、道路运输单位和危险物品的生产、经营、储存单位，应当设置安全生产管理机构或者配备专职安全生产管理人员。

生产经营单位的安全生产管理机构以及安全生产管理人员履行下列职责：①组织或者参与拟订本单位安全生产规章制度、操作规程和生产安全事故应急救援预案；②组织或者参与本单位安全生产教育和培训，如实记录安全生产教育和培训情况；③督促落实本单位重大危险源的安全管理措施；④组织或者参与本单位应急救援演练；⑤检查本单位的安全生产状况，及时排查生产安全事故隐患，提出改进安全生产管理的建议；⑥制止和纠正违章指挥、强令冒险作业、违反操作规程的行为；⑦督促落实本单位安全生产整改措施。

生产经营单位的主要负责人和安全生产管理人员必须具备与本单位所从事的生产经营活动相应的安全生产知识和管理能力。

生产经营单位应当对从业人员进行安全生产教育和培训，保证从业人员具备必要的安全生产知识，熟悉有关的安全生产规章制度和安全操作规程，掌握本岗位的安全操作技能，了解事故应急处理措施，知悉自身在安全生产方面的权利和义务。未经安全生产教育和培训合格的从业人员，不得上岗作业。

生产经营单位应当安排用于配备劳动防护用品、进行安全生产培训的经费。

生产经营单位必须依法参加工伤保险，为从业人员缴纳保险费。

生产经营单位不得以任何形式与从业人员订立协议，免除或者减轻其对从业人员因生产安全事故伤亡依法应承担的责任。

生产经营单位与从业人员订立的劳动合同，应当载明有关保障从业人员劳动安全、防止职业危害的事项，以及依法为从业人员办理工伤保险的事项。

从业人员有权对本单位安全生产工作中存在的问题提出批评、检举、控告；有权拒绝违章指挥和强令冒险作业。

生产经营单位不得因从业人员对本单位安全生产工作提出批评、检举、控告或者拒绝违章指挥、强令冒险作业而降低其工资、福利等待遇或者解除与其订立的劳动合同。

因生产安全事故受到损害的从业人员，除依法享有工伤保险外，依照有关民事法律尚有获得赔偿的权利的，有权向本单位提出赔偿要求。

从业人员在作业过程中，应当严格遵守本单位的安全生产规章制度和操作规程，服从管理，正确佩戴和使用劳动防护用品。

负有安全生产监督管理职责的部门应当

建立举报制度，公开举报电话、信箱或者电子邮件地址，受理有关安全生产的举报；受理的举报事项经调查核实后，应当形成书面材料；需要落实整改措施的，报经有关负责人签字并督促落实。

生产经营单位发生生产安全事故造成人员伤亡、他人财产损失的，应当依法承担赔偿责任；拒不承担或者其负责人逃匿的，由人民法院依法强制执行。

❷ 中华人民共和国道路交通安全法

为了维护道路交通秩序，预防和减少交通事故，保护人身安全，保护公民、法人和其他组织的财产安全及其他合法权益，提高通行效率，2003年《中华人民共和国道路交通安全法》（以下简称《道路交通安全法》）颁布，并经2007年和2011年两次修正。中华人民共和国境内的车辆驾驶员、行人、乘车人以及与道路交通活动有关的单位和个人，都应当遵守《道路交通安全法》。

中华人民共和国道路交通安全法有关规定

❶ 对车辆的要求

准予登记的机动车应当符合机动车国家安全技术标准。申请机动车登记时，应当接受对该机动车的安全技术检验。

任何单位或者个人不得有下列行为：①拼装机动车或者擅自改变机动车已登记的结构、构造或者特征；②改变机动车型号、发动机号、车架号或者车辆识别代号；③伪造、变造或者使用伪造、变造的机动车登记证书、号牌、行驶证、检验合格标志、保险标志；④使用其他机动车的登记证书、号牌、行驶证、检验合格标志、保险标志。

❷ 对驾驶员的相关要求

驾驶员上道路行驶前，应当对机动车的安全技术性能进行认真检查，不得驾驶安全设施不全或者机件不符合技术标准等具有安全隐患的机动车。

驾驶员应当遵守道路交通安全法律、法规的规定，按照操作规范安全驾驶、文明驾驶。饮酒、服用国家管制的精神药品或者麻醉药品，或者患有妨碍安全驾驶机动车的疾病，或者过度疲劳影响安全驾驶的，不得驾驶出租汽车。任何人不得强迫、指使、纵容出租汽车驾驶员违反道路交通安全法律、法规和机动车安全驾驶要求驾驶机动车。

❸ 道路通行规定

机动车上道路行驶，不得超过限速标志标明的最高时速。在没有限速标志的路段，应当保持安全车速。

同车道行驶的机动车，后车应当与前车保持足以采取紧急制动措施的安全距离。下列情形下，不得超车：①前车正在左转弯、掉头、超车；②与对面来车有会车可能；③前车为执行紧急任务的警车、消防车、救护车、工程救险车；④行经铁路道口、交叉路口、窄桥、弯道、陡坡、隧道、人行横道、市区交通流量大的路段等没有超车条件的。

机动车通过交叉路口，应当按照交通信号灯、交通标志、交通标线或者交通警察的指挥通过；通过没有交通信号灯、交通标志、交通标线或者交通警察指挥的交叉路口时，应当减速慢行，并让行人和优先通行的车辆先行。

机动车遇有前方车辆停车排队等候或者行驶缓慢时，不得借道超车或者占用对面车道，不得穿插等候的车辆。

在车道减少的路段、路口，或者在没有交通信号灯、交通标志、交通标线或者交通警察指挥的交叉路口遇到停车排队等候或者缓慢行驶时，机动车应当依次交替通行。

机动车行经人行横道时，应当减速行驶；遇行人正在通过人行横道，应当停车让行。机动车行经没有交通信号的道路时，遇行人横过道路，应当避让。

机动车在道路上发生故障，需要停车排除故障时，驾驶员应当立即开启危险报警闪光灯，将机动车移至不妨碍交通的地方停放；难以移动的，应当持续开启危险报警闪光灯，并通过在来车方向设置警告标志等措施扩大示警距离，必要时迅速报警。

警车、消防车、救护车、工程救险车执行紧急任务时，可以使用警报器、标志灯具；在确保安全的前提下，不受行驶路线、行驶方向、行驶速度和信号灯的限制，其他车辆和行人应当让行。警车、消防车、救护车、工程救险车非执行紧急任务时，不得使用警报器、标志灯具，不享有前款规定的道路优先通行权。

机动车应当在规定地点停放。禁止在人行道上停放机动车，但依照《道路交通安全

法》规定施划的停车泊位除外。

在道路上临时停车的，不得妨碍其他车辆和行人通行。机动车在各类道路上的最高行驶速度见表1-4。

最高行驶速度的相关规定 表1-4

道　路　情　况	最高行驶速度规定（km/h）	
	城市道路	公　　路
没有道路中心线的道路	30	40
同方向只有1条机动车道的道路	50	70
进出非机动车道，通过铁路道口、急弯路、窄路、窄桥时；掉头、转弯、下陡坡时；遇雾、雨、雪、沙尘、冰雹，能见度在50m以内时；在冰雪、泥泞的道路上行驶时；牵引发生故障的机动车时	30	

4 高速公路特别规定

机动车在高速公路上发生故障时，应当依照《道路交通安全法》规定办理。但是，警告标志应当设置在故障车来车方向150m以外，车上人员应当迅速转移到右侧路肩上或者应急车道内，并且迅速报警。

机动车在高速公路上发生故障或者交通事故，无法正常行驶的，应当由救援车、清障车拖曳、牵引。

5 交通事故处理

在道路上发生交通事故，车辆驾驶员应当立即停车，保护现场；造成人身伤亡的，车辆驾驶员应当立即抢救受伤人员，并迅速报告执勤的交通警察或者公安机关交通管理部门。因抢救受伤人员变动现场的，应当标明位置。乘车人、过往车辆驾驶员、过往行人应当予以协助。

在道路上发生交通事故，未造成人身伤亡，当事人对事实及成因无争议的，可以即行撤离现场，恢复交通，自行协商处理损害赔偿事宜；不即行撤离现场的，应当迅速报告执勤的交通警察或者公安机关交通管理部门。

在道路上发生交通事故，仅造成轻微财产损失，并且基本事实清楚的，当事人应当先撤离现场再进行协商处理。

6 法律责任

对道路交通安全违法行为的处罚种类包括：警告、罚款、暂扣或者吊销机动车驾驶证、拘留。出租汽车驾驶员有违反《道路交

通安全法》的，应当承担相应的法律责任。

饮酒后驾驶机动车的，处暂扣6个月机动车驾驶证，并处1000元以上2000元以下罚款；因饮酒后驾驶机动车被处罚，再次饮酒后驾驶机动车的，处10日以下拘留，并处1000元以上2000元以下罚款，吊销机动车驾驶证；醉酒驾驶机动车的，由公安机关交通管理部门约束至酒醒，吊销机动车驾驶证，依法追究刑事责任，5年内不得重新取得机动车驾驶证。

饮酒后驾驶营运机动车的，处15日拘留，并处5000元罚款，吊销机动车驾驶证，5年内不得重新取得机动车驾驶证；醉酒驾驶营运机动车的，由公安机关交通管理部门约束至酒醒，吊销机动车驾驶证，依法追究刑事责任，10年内不得重新取得机动车驾驶证，重新取得机动车驾驶证后，不得驾驶营运机动车。

饮酒后或者醉酒驾驶机动车发生重大交通事故，构成犯罪的，依法追究刑事责任，并由公安机关交通管理部门吊销机动车驾驶证，终生不得重新取得机动车驾驶证。

对违反道路交通安全法律、法规关于机动车停放、临时停车规定的，可以指出违法行为，并予以口头警告，令其立即驶离；机动车驾驶员不在现场或者虽在现场但拒绝立即驶离，妨碍其他车辆、行人通行的，处20元以上200元以下罚款，并可以将该机动车拖移至不妨碍交通的地点或者公安机关交通管

出租汽车驾驶员从业资格考试全国公共科目培训教材（第二版）

理部门指定的地点停放。公安机关交通管理部门拖车不得向当事人收取费用，并应当及时告知当事人停放地点。因采取不正确的方法拖车造成机动车损坏的，应当依法承担补偿责任。

有下列行为之一的，由公安机关交通管理部门处200元以上2000元以下罚款：①未取得机动车驾驶证、机动车驾驶证被吊销或者机动车驾驶证被暂扣期间驾驶机动车；②将机动车交由未取得机动车驾驶证或者机动车驾驶证被吊销、暂扣的人驾驶；③造成交通事故后逃逸，尚不构成犯罪；④机动车行驶超过规定时速50%；⑤强迫机动车驾驶员违反道路交通安全法律、法规和机动车安全驾驶要求驾驶机动车，造成交通事故，尚不构成犯罪；⑥违反交通管制的规定强行通行，不听劝阻；⑦故意损毁、移动、涂改交通设施，造成危害后果，尚不构成犯罪；⑧非法拦截、扣留机动车辆，不听劝阻，造成交通严重阻塞或者较大财产损失。行为人有②、④情形之一的，可以并处吊销机动车驾驶证；有①、③、⑤～⑧情形的，可以并处15日以下拘留。

驾驶拼装的机动车或者已达到报废标准的机动车上道路行驶的，公安机关交通管理部门应当予以收缴，强制报废。对驾驶拼装的机动车或者已达到报废标准的机动车上道路行驶的驾驶员，处200元以上2000元以下罚款，并吊销机动车驾驶证。出售已达到报废标准的机动车的，没收违法所得，处销售金额等额的罚款，对该机动车公安机关交通管理部门应当予以收缴，强制报废。

违反道路交通安全法律、法规的规定，发生重大交通事故，构成犯罪的，依法追究刑事责任，并由公安机关交通管理部门吊销机动车驾驶证。造成交通事故后逃逸的，由公安机关交通管理部门吊销机动车驾驶证，且终生不得重新取得机动车驾驶证。

3 中华人民共和国突发事件应对法

为了预防和减少突发事件的发生，控制、减轻和消除突发事件引起的严重社会危害，规范突发事件应对活动，保护人民生命财产安全，维护国家安全、公共安全、环境安全和社会秩序，2007年《中华人民共和国突发事件应对法》（以下简称《突发事件应对法》）颁布。

中华人民共和国突发事件应对法有关规定

突发事件，是指突然发生，造成或者可能造成严重社会危害，需要采取应急处置措施予以应对的自然灾害、事故灾难、公共卫生事件和社会安全事件。

国家建立有效的社会动员机制，增强全民的公共安全和防范风险的意识，提高全社会的避险救助能力。

有关人民政府及其部门采取的应对突发事件的措施，应当与突发事件可能造成的社会危害的性质、程度和范围相适应；有多种措施可供选择的，应当选择有利于最大程度地保护公民、法人和其他组织权益的措施。公民、法人和其他组织有义务参与突发事件应对工作。

所有单位应当建立健全安全管理制度，定期检查本单位各项安全防范措施的落实情况，及时消除事故隐患；掌握并及时处理本单位存在的可能引发社会安全事件的问题，防止矛盾激化和事态扩大；对本单位可能发生的突发事件和采取安全防范措施的情况，应当按照规定及时向所在地人民政府或者人民政府有关部门报告。

公共交通工具、公共场所和其他人员密集场所的经营单位或者管理单位应当制定具体应急预案，为交通工具和有关场所配备报警装置和必要的应急救援设备、设施，注明其使用方法，并显著标明安全撤离的通道、路线，保证安全通道、出口的畅通。有关单位应当定期检测、维护其报警装置和应急救援设备、设施，使其处于良好状态，确保正常使用。

居民委员会、村民委员会、企业事业单

位应当根据所在地人民政府的要求，结合各自的实际情况，开展有关突发事件应急知识的宣传普及活动和必要的应急演练。

国家鼓励公民、法人和其他组织为人民政府应对突发事件工作提供物资、资金、技术支持和捐赠。

获悉突发事件信息的公民、法人或者其他组织，应当立即向所在地人民政府、有关主管部门或者指定的专业机构报告。

小知识

《中华人民共和国刑法》（依据《中华人民共和国刑法修正案（九）》修正）有关规定

驾驶员违反交通运输管理法规，因而发生重大事故，致人重伤、死亡或者使公私财产遭受重大损失的，处3年以下有期徒刑或者拘役；交通运输肇事后逃逸或者有其他特别恶劣情节的，处3年以上7年以下有期徒刑；因逃逸致人死亡的，处7年以上有期徒刑。

在道路上驾驶机动车，有下列情形之一的，处拘役，并处罚金：

（1）追逐竞驶，情节恶劣；

（2）醉酒驾驶机动车；

（3）从事校车业务或者旅客运输，严重超过额定乘员载客，或者严重超过规定时速行驶；

（4）违反危险化学品安全管理规定运输危险化学品，危及公共安全。

机动车所有人、管理人对上述第（3）项、第（4）项行为负有直接责任的，依照前款的规定处罚。

有上述行为，同时构成其他犯罪的，依照处罚较重的规定定罪处罚。

自然灾害、事故灾难或者公共卫生事件发生后，履行统一领导职责的人民政府可以采取一项或者多项应急处置措施，可以组织公民参加应急救援和处置工作，要求具有特定专长的人员提供服务。

受到自然灾害危害或者发生事故灾难、公共卫生事件的单位，应当立即组织本单位应急救援队伍和工作人员营救受害人员，疏散、撤离、安置受到威胁的人员，控制危险源，标明危险区域，封锁危险场所，并采取其他防止危害扩大的必要措施，同时向所在地县级人民政府报告；对因本单位的问题引发的或者主体是本单位人员的社会安全事件，有关单位应当按照规定上报情况，并迅速派出负责人赶赴现场开展劝解、疏导工作。突发事件发生地的其他单位应当服从人民政府发布的决定、命令，配合人民政府采取的应急处置措施，做好本单位的应急救援工作，并积极组织人员参加所在地的应急救援和处置工作。

突发事件发生地的公民应当服从人民政府、居民委员会、村民委员会或者所属单位的指挥和安排，配合人民政府采取的应急处置措施，积极参加应急救援工作，协助维护社会秩序。

违反《突发事件应对法》规定，编造并传播有关突发事件事态发展或者应急处置工作的虚假信息，或者明知是有关突发事件事态发展或者应急处置工作的虚假信息而进行传播的，责令改正，给予警告；造成严重后果的，依法暂停其业务活动或者吊销其执业许可证；负有直接责任的人员是国家工作人员的，还应当对其依法给予处分；构成违反治安管理行为的，由公安机关依法给予处罚。违反《突发事件应对法》规定，构成犯罪的，依法追究刑事责任。

二 乘客权益保障相关法律法规

1 中华人民共和国消费者权益保护法

为保护消费者的合法权益，维护社会经济秩序，促进社会主义市场经济健康发展，1993年《中华人民共和国消费者权益保护法》（以下简称《消费者权益保护法》）颁布，并经2009年、2013年两次修正。《消费者权益保护法》主要规定了消费者的权利、经营者的义务、国家对消费者合法权益的保护、消费者组织、争议的解决和法律责任等内容。消费者为生活消费需要购买、使用商品或者接受服务，其权益受该法保护。

中华人民共和国消费者权益保护法有关规定

经营者与消费者进行交易，应当遵循自愿、平等、公平、诚实信用的原则。

消费者在购买、使用商品和接受服务时享有人身、财产安全不受损害的权利。

消费者有权要求经营者提供的商品和服务，符合保障人身、财产安全的要求。

消费者享有知悉其购买、使用的商品或者接受的服务的真实情况的权利。

消费者享有自主选择商品或者服务的权利。

消费者享有公平交易的权利。

消费者在购买商品或者接受服务时，有权获得质量保障、价格合理、计量正确等公平交易条件，有权拒绝经营者的强制交易行为。

消费者因购买、使用商品或者接受服务受到人身、财产损害的，享有依法获得赔偿的权利。

消费者在购买、使用商品和接受服务时，享有人格尊严、民族风俗习惯得到尊重的权利，享有个人信息依法得到保护的权利。

经营者向消费者提供商品或者服务，应当恪守社会公德，诚信经营，保障消费者的合法权益；不得设定不公平、不合理的交易条件，不得强制交易。

经营者提供商品或者服务，应当按照国家有关规定或者商业惯例向消费者出具发票等购货凭证或者服务单据；消费者索要发票等购货凭证或者服务单据的，经营者必须出具。

经营者以广告、产品说明、实物样品或者其他方式表明商品或者服务的质量状况的，应当保证其提供的商品或者服务的实际质量与表明的质量状况相符。

经营者收集、使用消费者个人信息，应当遵循合法、正当、必要的原则，明示收集、使用信息的目的、方式和范围，并经消费者同意。经营者收集、使用消费者个人信息，应当公开其收集、使用规则，不得违反法律、法规的规定和双方的约定收集、使用信息。

经营者及其工作人员对收集的消费者个人信息必须严格保密，不得泄露、出售或者非法向他人提供。经营者应当采取技术措施和其他必要措施，确保信息安全，防止消费者个人信息泄露、丢失。在发生或者可能发生信息泄露、丢失的情况时，应当立即采取补救措施。

经营者未经消费者同意或者请求，或者消费者明确表示拒绝的，不得向其发送商业性信息。

消费者协会履行下列公益性职责：①向消费者提供消费信息和咨询服务，提高消费者维护自身合法权益的能力，引导文明、健康、节约资源和保护环境的消费方式；②参与制定有关消费者权益的法律、法规、规章和强制性标准；③参与有关行政部门对商品和服务的监督、检查；④就有关消费者合法权益的问题，向有关部门反映、查询，提出建议；⑤受理消费者的投诉，并对投诉事项进行调查、调解；⑥投诉事项涉及商品和服务质量问题的，可以委托具备资格的鉴定人鉴定，鉴定人应当告知鉴定意见；⑦就损害消费者合法权益的行为，支持受损害的消费者提起诉讼或者依照本法提起诉讼；⑧对损害消费者合法权益的行为，通过大众传播媒介予以揭露、批评。

消费者和经营者发生消费者权益争议的，可以通过下列途径解决：①与经营者协商和解；②请求消费者协会或者依法成立的其他调解组织调解；③向有关行政部门投诉；④根据与经营者达成的仲裁协议提请仲裁机构仲裁；⑤向人民法院提起诉讼。

消费者因经营者利用虚假广告或者其他虚假宣传方式提供商品或者服务，其合法权益受到损害的，可以向经营者要求赔偿。

消费者向有关行政部门投诉的，该部门应当自收到投诉之日起7个工作日内，予以处理并告知消费者。

经营者侵害消费者的人格尊严、侵犯消费者人身自由或者侵害消费者个人信息依法得到保护的权利的，应当停止侵害、恢复名誉、消除影响、赔礼道歉，并赔偿损失。

经营者有侮辱诽谤、搜查身体、侵犯人身自由等侵害消费者或者其他受害人人身权益的行为，造成严重精神损害的，受害人可以要求精神损害赔偿。

经营者提供商品或者服务有欺诈行为的，应当按照消费者的要求增加赔偿其受到的损失，增加赔偿的金额为消费者购买商品的价款或者接受服务的费用的3倍；增加赔偿的金额不足500元的，为500元。法律另有规定的，依照其规定。

2 中华人民共和国侵权责任法

为保护民事主体的合法权益，明确侵权责任，预防并制裁侵权行为，促进社会和谐稳定，2009年《中华人民共和国侵权责任

法》（以下简称《侵权责任法》）颁布。

中华人民共和国侵权责任法有关规

侵害民事权益，应当依照《侵权责任法》承担侵权责任。所谓民事权益，包括生命权、健康权、姓名权、名誉权、荣誉权、肖像权、隐私权、婚姻自主权、监护权、所有权、用益物权、担保物权、著作权、专利权、商标专用权、发现权、股权、继承权等人身、财产权益。

侵权人因同一行为应当承担行政责任或者刑事责任的，不影响依法承担侵权责任。因同一行为应当承担侵权责任和行政责任、刑事责任，侵权人的财产不足以支付的，先承担侵权责任。

行为人损害他人民事权益，不论行为人有无过错，法律规定应当承担侵权责任的，依照其规定。2人以上共同实施侵权行为，造成他人损害的，应当承担连带责任。教唆、帮助他人实施侵权行为的，应当与行为人承担连带责任。

承担侵权责任的方式主要有：①停止侵害；②排除妨碍；③消除危险；④返还财产；⑤恢复原状；⑥赔偿损失；⑦赔礼道歉；⑧消除影响、恢复名誉。以上承担侵权责任的方式，可以单独适用，也可以合并适用。

侵害他人造成人身损害的，应当赔偿医疗费、护理费、交通费等为治疗和康复支出的合理费用，以及因误工减少的收入。造成残疾的，还应当赔偿残疾生活辅助具费和残疾赔偿金。造成死亡的，还应当赔偿丧葬费和死亡赔偿金。

侵害他人财产的，财产损失按照损失发生时的市场价格或者其他方式计算。侵害他人人身权益造成财产损失的，按照被侵权人因此受到的损失赔偿；被侵权人的损失难以确定，侵权人因此获得利益的，按照其获得的利益赔偿；侵权人因此获得的利益难以确定，被侵权人和侵权人就赔偿数额协商不一

致，向人民法院提起诉讼的，由人民法院根据实际情况确定赔偿数额。

机动车发生交通事故造成损害的，依照道路交通安全法的有关规定承担赔偿责任。

3 网络信息保护相关法律法规

为了保护网络信息安全，保障公民、法人和其他组织的合法权益，维护国家安全和社会公共利益，2012年12月28日第十一届全国人民代表大会常务委员会第三十次会议通过了《全国人民代表大会常务委员会关于加强网络信息保护的决定》。为了保障网络安全，维护网络空间主权和国家安全、社会公共利益，保护公民、法人和其他组织的合法权益，促进经济社会信息化健康发展，2016年《中华人民共和国网络安全法》颁布。上述规定中明确，国家保护能够识别公民个人身份和涉及公民个人隐私的电子信息。任何组织和个人不得窃取或者以其他非法方式获取公民个人电子信息，不得出售或者非法向他人提供公民个人电子信息。

1 网络服务提供者的义务

网络服务提供者在业务活动中收集、使用公民个人电子信息，应当遵循合法、正当、必要的原则，明示收集、使用信息的目的、方式和范围，并经被收集者同意，不得违反法律、法规的规定和双方的约定收集、使用信息。

网络服务提供者收集、使用公民个人电子信息，应当公开其收集、使用规则。

网络服务提供者及其工作人员对在业务活动中收集的公民个人电子信息必须严格保密，不得泄露、篡改、毁损，不得出售或者非法向他人提供。

网络服务提供者应当采取技术措施和其他必要措施，确保信息安全，防止在业务活动中收集的公民个人电子信息泄露、毁损、丢失。在发生或者可能发生信息泄露、毁损、丢失的情况时，应当立即采取补救措施。

2 个人信息保护

公民发现泄露个人身份、散布个人隐私等侵害其合法权益的网络信息，或者受到商业性电子信息侵扰的，有权要求网络服务提供者删除有关信息或者采取其他必要措施予以制止。

任何组织和个人对窃取或者以其他非法方式获取、出售或者非法向他人提供公民个人电子信息的违法犯罪行为以及其他网络信息违法犯罪行为，有权向有关主管部门举报、控告；接到举报、控告的部门应当依法及时处理。被侵权人可以依法提起诉讼。

3 法律责任

对有违反上述决定中规定的行为的，依法给予警告、罚款、没收违法所得、吊销许可证或者取消备案、关闭网站、禁止有关责任人员从事网络服务业务等处罚，记入社会信用档案并予以公布。构成违反治安管理行为的，依法给予治安管理处罚；构成犯罪的，依法追究刑事责任；侵害他人民事权益的，依法承担民事责任。

三 驾驶员权益保障相关法律法规

1 中华人民共和国劳动合同法

为了完善劳动合同制度，明确劳动合同双方当事人的权利和义务，保护劳动者的合法权益，构建和发展和谐稳定的劳动关系，《中华人民共和国劳动合同法》（以下简称《劳动合同法》）于2008年1月1日起施行。中华人民共和国境内的企业、个体经济组织、民办非企业单位等组织（以下简称用人单位）

中华人民共和国劳动合同法有关规定

与劳动者建立劳动关系，订立、履行、变更、解除或者终止劳动合同都应当遵守《劳动合同法》。国家机关、事业单位、社会团体和与其建立劳动关系的劳动者，订立、履行、变更、解除或者终止劳动合同，依照《劳动合同法》执行。

出租汽车经营者应当按照《劳动合同

出租汽车驾驶员从业资格考试全国公共科目培训教材（第二版）

法》及有关法律法规的规定保障驾驶员的合法权益，规范与驾驶员签订的劳动合同或者经营合同。

订立劳动合同，应当遵循合法、公平、平等自愿、协商一致、诚实信用的原则。依法订立的劳动合同具有约束力，用人单位与劳动者应当履行劳动合同约定的义务。

用人单位招用劳动者时，应当如实告知劳动者工作内容、工作条件、工作地点、职业危害、安全生产状况、劳动报酬，以及劳动者要求了解的其他情况；用人单位有权了解劳动者与劳动合同直接相关的基本情况，劳动者应当如实说明。

建立劳动关系，应当订立书面劳动合同。已建立劳动关系，未同时订立书面劳动合同的，应当自用工之日起1个月内订立书面劳动合同。用人单位与劳动者在用工前订立劳动合同的，劳动关系自用工之日起建立。

劳动合同分为固定期限劳动合同、无固定期限劳动合同和以完成一定工作任务为期限的劳动合同。

劳动合同签字仪式

劳动合同由用人单位与劳动者协商一致，并经用人单位与劳动者在劳动合同文本上签字或者盖章生效。劳动合同文本由用人单位和劳动者各执一份。出租汽车行业劳动合同应具备以下条款：①用人单位的名称、住所和法定代表人或者主要负责人；②劳动者的姓名、住址和居民身份证或者其他有效

身份证件号码；③劳动合同期限；④工作内容和工作地点；⑤工作时间和休息休假；⑥劳动报酬；⑦社会保险；⑧劳动保护、劳动条件和职业危害防护；⑨法律、法规规定应当纳入劳动合同的其他事项。

劳动合同由用人单位与劳动者在劳动合同文本上签字或者盖章生效。劳动合同文本由用人单位和劳动者各执一份。

劳动合同期限3个月以上不满1年的，试用期不得超过1个月；劳动合同期限1年以上不满3年的，试用期不得超过2个月；3年以上固定期限和无固定期限的劳动合同，试用期不得超过6个月。同一用人单位与同一劳动者只能约定一次试用期。以完成一定工作任务为期限的劳动合同或者劳动合同期限不满3个月的，不得约定试用期。试用期包含在劳动合同期限内。劳动合同仅约定试用期的，试用期不成立，该期限为劳动合同期限。

集体合同由工会代表企业职工一方与用人单位订立；尚未建立工会的用人单位，由上级工会指导劳动者推举的代表与用人单位订立。

2 中华人民共和国信访条例

《中华人民共和国信访条例》（以下简称《信访条例》）自2005年5月1日起施行。其宗旨在于保持各级人民政府同人民群众的密切联系，保护信访人的合法权益，维护信访秩序。《信访条例》的颁布实施，对于推进信访工作的制度化、规范化和程序化，规范信访秩序，维护社会和谐稳定，发挥了重要的作用。

中华人民共和国信访条例有关规定

信访，是指公民、法人或者其他组织采用书信、电子邮件、传真、电话、走访等形式，向各级人民政府、县级以上人民政府工作部门反映情况，提出建议、意见或者投诉请求，依法由有关行政机关处理的活动。

信访人提出信访事项，一般应当采用书信、电子邮件、传真等书面形式；信访人

提出投诉请求的，还应当载明信访人的姓名（名称）、住址和请求、事实、理由。有关机关对采用口头形式提出的投诉请求，应当记录信访人的姓名（名称）、住址和请求、事实、理由。

信访人采用走访形式提出信访事项的，应当到有关机关设立或者指定的接待场所提出。多人采用走访形式提出共同的信访事项的，应当推选代表，代表人数不得超过5人。

信访人提出信访事项，应当客观真实，对其所提供材料内容的真实性负责，不得捏造、歪曲事实，不得诬告、陷害他人。

信访人在信访过程中应当遵守法律、法规，不得损害国家、社会、集体的利益和其他公民的合法权利，自觉维护社会公共秩序和信访秩序，不得有下列行为：①在国家机关办公场所周围、公共场所非法聚集，围堵、冲击国家机关，拦截公务车辆，或者堵塞、阻断交通；②携带危险物品、管制器具；③侮辱、殴打、威胁国家机关工作人员，或者非法限制他人人身自由；④在信访接待场所滞留、滋事，或者将生活不能自理的人弃留在信访接待场所；⑤煽动、串联、胁迫、以财物诱使、幕后操纵他人信访或者以信访为名借机敛财；⑥扰乱公共秩序、妨害国家和公共安全的其他行为。

练习题

政策、法律法规（182题）

一、判断题（79题）

1. 城市人民政府要优先发展公共交通，适度发展出租汽车，统筹发展巡游车和网约车。（ √ ）

2. 新增出租汽车经营权一律实行期限制。（ √ ）

3. 新增出租汽车经营权全部实行无偿使用，并不得变更经营主体。（ √ ）

4. 采取承包经营方式的承包人和取得经营权的个体经营者，应取得出租汽车驾驶员从业资格，按规定注册上岗并直接从事运营活动。（ √ ）

5. 出租汽车企业可以和驾驶员协商收取高额抵押金。（ × ）

6. 对巡游车运价应实行政府定价或政府指导价，并依法纳入政府定价目录。（ √ ）

7. 对网约车实行市场调节价，城市人民政府认为确有必要的可实行政府指导价。（ √ ）

8. 网约车平台公司是运输服务的提供者，应具备线上线下服务能力，承担承运人责任和相应社会责任。（ √ ）

9. 网约车平台公司应当公布确定符合国家有关规定的计程计价方式。（ √ ）

10. 巡游车发展应当与城市经济社会发展相适应，与公共交通等客运服务方式协调。（ √ ）

11. 国家鼓励通过服务质量招投标方式配置巡游车的车辆经营权。（ √ ）

12. 取得巡游车车辆经营权的，授予车辆经营权的出租汽车行政主管部门应与中标人签订经营协议。（ √ ）

13. 投入运营的巡游车车辆应当安装符合规定的计程计价设备、具有行驶记录功能的车辆卫星定位装置、应急报警装置，按照要求喷涂车身颜色和标识。（ √ ）

14. 投入运营的巡游车车辆应设置有中英文"出租汽车"字样的顶灯和能显示空车、暂停运营、电召等运营状态的标志，按照规定在车辆醒目位置标明运价标准、乘客须知、经营者名称和服务监督电话。（ √ ）

15. 在车辆经营权有效期限内，需要变更

车辆经营权经营主体的，应当到原许可机关办理变更许可手续。　（ ✓ ）

16. "网络预约出租汽车经营服务"，也可在道路上巡游揽客、站点候客。（ ✗ ）

17. "巡游出租汽车电召服务" 是指按照约定时间和地点提供巡游车运营服务。　（ ✓ ）

18. "巡游出租汽车电召服务" 需按照约定计费。　（ ✗ ）

19. "预约出租汽车经营服务" 需根据行驶里程、时间或者约定计费。（ ✓ ）

20. "巡游出租汽车经营服务" 需根据行驶里程和时间计费。　（ ✓ ）

21. 出租汽车经营者应当在许可的经营区域内从事经营活动，超出许可的经营区域的，起讫点一端应当在许可的经营区域内。　（ ✓ ）

22. 巡游车驾驶员可以根据自己的意愿升降车窗玻璃及使用空调、音响、视频等服务设备。　（ ✗ ）

23. 巡游车驾驶员发现乘客遗留可疑危险物品的，应当立即报警。　（ ✓ ）

24. 巡游车电召服务平台应提供 24h 不间断服务。　（ ✓ ）

25. 网约车平台公司采集驾驶员、约车人和乘客的个人信息，不得超越提供网约车业务所必需的范围。　（ ✓ ）

26. 网约车平台公司应当通过其服务平台以显著方式将驾驶员、约车人和乘客等个人信息的采集和使用的目的、方式和范围进行告知。网约车平台公司在任何情况下都不得使用上述个人信息开展其他业务。　（ ✗ ）

27. 发生信息泄露后，网约车平台公司应当及时向相关主管部门报告，并采取及时有效的补救措施。　（ ✓ ）

28. 网约车平台公司所采集的个人信息和生成的业务数据，应当在中国内地存储和使用，保存期限不少于 2 年，上述信息和数据任何情况下都不得外流。　（ ✗ ）

29. 网约车平台公司不得利用其服务平台发布法律法规禁止传播的信息，不得为企业、个人及其他团体、组织发布有害信息提供便利，并采取有效措施过滤阻断有害信息传播。　（ ✓ ）

30. 任何企业和个人不得向未取得合法资质的车辆、驾驶员提供信息对接开展网约车经营服务。　（ ✓ ）

31. 不得以私人小客车合乘名义提供网约车经营服务。　（ ✓ ）

32. 网约车车辆和驾驶员不得通过未取得经营许可的网络服务平台提供运营服务。　（ ✓ ）

33. 出租汽车驾驶员征得乘客同意可以在车内吸烟。　（ ✗ ）

34. 出租汽车驾驶员从业资格管理工作应当公平、公正、公开和便民。　（ ✓ ）

35. 出租汽车驾驶员从业资格考试包括全国公共科目和区域科目考试。　（ ✓ ）

36. 巡游车驾驶员从业资格区域科目考试是对地方出租汽车政策法规、经营区域人文地理和交通路线等具有区域服务特征的知识测试。　（ ✓ ）

37. 网约车驾驶员从业资格区域科目考试是对地方出租汽车政策法规、经营区域人文地理和交通路线等具有区域服务特征的知识测试。　（ ✗ ）

38. 首次参加出租汽车驾驶员从业资格考试的申请人，其全国公共科目和区域科目考试可以在不同的区域完成。　（ ✗ ）

39. 鼓励推广使用信息化方式和手段组织实施出租汽车驾驶员从业资格考试。（ ✓ ）

40. 出租汽车驾驶员从业资格考试全国公共科目考试成绩在全国范围内有效，区域科目考试成绩在所在地行政区域内有效。　（ ✓ ）

41. 出租汽车驾驶员到从业资格证发证机关核定的范围外从事出租汽车客运服务的，可以使用原来的从业资格证。　（ ✗ ）

42. 取得从业资格证的出租汽车驾驶员，

可不经注册直接从事出租汽车客运服务。 （×）

43. 网约车驾驶员的注册，通过出租汽车经营者向服务所在地出租汽车行政主管部门报备完成。 （×）

44. 巡游车驾驶员的注册，通过出租汽车经营者向发证机关所在地出租汽车行政主管部门报备完成。 （×）

45. 巡游车驾驶员变更服务单位的，应当重新申请注册。 （√）

46. 取得从业资格证超过 3 年未申请注册的，注册后上岗前应当完成最多 27 学时的继续教育。 （×）

47. 出租汽车驾驶员继续教育由出租汽车行政主管部门组织实施。 （×）

48. 出租汽车驾驶员服务质量信誉考核分为优良、合格、基本合格和不合格 4 个等级，分别用 AAA 级、AA 级、A 级和 B 级表示。 （√）

49. 取得从业资格证件但在考核周期内未注册在岗的出租汽车驾驶员，也要参加服务质量信誉考核。 （×）

50. 使用年限达到 8 年但行驶里程未达到 60 万 km 的网约车，应当退出运营。 （√）

51. 驾驶员超越从业资格证核定范围，驾驶出租汽车从事经营活动的，由县级以上出租汽车行政主管部门责令改正，并处 200 元以上 2000 元以下罚款。 （×）

52. 使用失效、伪造、变造的从业资格证，驾驶出租汽车从事出租汽车经营活动的，由县级以上出租汽车行政主管部门责令改正，并处 1 万元以上 3 万元以下罚款。 （√）

53. 转借、出租、涂改从业资格证的，由县级以上出租汽车行政主管部门责令改正，并处 1 万元以上 3 万元以下罚款。 （√）

54. 出租汽车驾驶员未办理注册手续驾驶出租汽车从事经营活动的，由县级以上出租汽车行政主管部门责令改正，并处 200

元以上 2000 元以下罚款。 （√）

55. 网约车驾驶员无正当理由未按承诺到达约定地点提供预约服务的，由县级以上出租汽车行政主管部门责令改正，并处 200 元以上 2000 元以下罚款。 （√）

56. 出租汽车经营者聘用未取得从业资格证的人员，驾驶出租汽车从事经营活动的，由县级以上出租汽车行政主管部门责令改正，并处 5000 元以上 10000 元以下罚款；情节严重的，处 1 万元以上 3 万元以下罚款。 （√）

57. 网约车平台公司及网约车驾驶员违法使用或者泄露约车人、乘客个人信息的，由网信部门处 2000 元以上 10000 元以下罚款。 （×）

58. 考核周期内，出租汽车驾驶员有 10% 以上服务质量信誉考核等级为 B 级的，出租汽车企业考核等级为 B 级。 （√）

59. 出租汽车驾驶员服务质量信誉考核实行基准分值为 20 分的计分制，另外加分分值为 5 分。 （×）

60. 出租汽车驾驶员违反服务质量信誉考核指标的，一次扣分分值分别为 1 分、3 分、5 分、10 分、20 分，共 5 种。 （√）

61. 出租汽车驾驶员载客结束后不给付乘客专用发票的，出租汽车驾驶员服务质量信誉考核分值扣 5 分。 （√）

62. 出租汽车驾驶员无正当理由拒载的，出租汽车驾驶员服务质量信誉考核分值扣 5 分。 （×）

63. 出租汽车驾驶员未经乘客同意，故意绕道的，出租汽车驾驶员服务质量信誉考核分值扣 5 分。 （√）

64. 出租汽车驾驶员运营过程中车容车貌不整洁的，出租汽车驾驶员服务质量信誉考核分值扣 1 分。 （×）

65. 出租汽车驾驶员运营过程中不按规定着装，仪容仪表不整的，出租汽车驾驶员服务质量信誉考核分值扣 3 分。 （√）

66. 出租汽车驾驶员运营过程中向车外抛

物、吐痰或在车内抽烟的，出租汽车驾驶员服务质量信誉考核分值扣 5 分。（×）

67. 出租汽车驾驶员未按规定携带从业资格证，从事出租汽车经营活动的，出租汽车驾驶员服务质量信誉考核分值扣 3 分。
（×）

68. 出租汽车驾驶员运营过程中使用服务忌语的，出租汽车驾驶员服务质量信誉考核分值扣 3 分。（√）

69. 出租汽车驾驶员有见义勇为、救死扶伤、拾金不昧等先进事迹的，加分累计不得超过 5 分。（×）

70. 出租汽车企业可以和驾驶员订立协议，免除或者减轻其对驾驶员因生产安全事故伤亡依法应承担的责任。（×）

71. 驾驶出租汽车在高速公路行驶发生故障，需要停车排除故障时，驾驶员应当立即开启危险报警闪光灯。（√）

72. 乘客在接受运输服务时，有权拒绝强制交易行为。（√）

73. 出租汽车经营者有侮辱诽谤、搜查身体、侵犯人身自由等侵害乘客或者其他受害人人身权益的行为，造成严重精神损害的，受害人可以要求精神损害赔偿。
（√）

74. 以暴力、威胁、非法限制人身自由的手段强迫劳动的，除司法部门依法追究行政、刑事责任外，劳动者也可随时通知用人单位解除劳动合同。（√）

75. 国家保护所有公民个人身份和涉及公民个人隐私的电子信息。（×）

76. 根据《道路交通安全法》规定，醉酒后驾驶机动车发生重大道路交通事故，被依法追究刑事责任的，在刑满释放后可以重新考取机动车驾驶证。（×）

77. 出租汽车驾驶员与出租汽车企业签订的劳动合同文本应由出租汽车企业代为保管。（×）

78. 信访人采用走访形式提出信访事项的，应当到有关机关设立或者指定的接待场所提出。（√）

79. 信访人提出投诉请求的，不需要载明信访人的姓名（名称）、住址、请求、事实及理由。（×）

二、单选题（61题）

1. 设区的市级出租汽车行政主管部门应当在考试结束（C）日内公布出租汽车驾驶员从业资格考试成绩。

A.20　　B.15　　C.10　　D.5

2. 出租汽车驾驶员从业资格考试合格成绩有效期为（B）年。

A.4　　B.3　　C.2　　D.1

3. 出租汽车驾驶员从业资格考试合格的，设区的市级出租汽车行政主管部门应当自公布考试成绩之日起（B）日内向出租汽车驾驶员发放从业资格证。

A.5　　B.10　　C.15　　D.20

4. 下列关于巡游车驾驶员申请从业资格注册或者延续注册程序的说法不正确的是（C）。

A. 需填写《巡游出租汽车驾驶员从业资格注册登记表》

B. 需持其从业资格证及与出租汽车经营者签订的劳动合同或者经营合同

C. 需到服务所在地出租汽车行政主管部门申请注册

D. 需到发证机关所在地出租汽车行政主管部门申请注册

5. 下列关于个体巡游车经营者自己驾驶出租汽车从事经营活动的注册的说法，正确的是（A）。

A. 需持其从业资格证及车辆运营证申请注册

B. 需持其从业资格证申请注册

C. 需持其车辆运营证申请注册

D. 需持其驾驶证申请注册

6. 网约车驾驶员的注册报备信息不包括（B）。

A. 驾驶员从业资格证信息

B. 驾驶证

C. 与出租汽车经营者签订的劳动合同

D. 与出租汽车经营者签订的协议

7. 出租汽车驾驶员注册有效期为（C）年。

A.1　　　B.2　　　C.3　　　D.4

8. 巡游车驾驶员申请延续注册应当在有效期届满（D）日前。

A.5　　　B.10　　　C.20　　　D.30

9. 巡游车经营者接到乘客投诉后，应当及时受理，（C）日内处理完毕，并将处理结果告知乘客。

A.3　　　B.5　　　C.10　　　D.15

10. 出租汽车经营者聘用未取得从业资格证的人员，驾驶出租汽车从事经营活动的，由县级以上出租汽车行政主管部门责令改正，处（C）罚款。

A.1000 元以上 3000 元以下

B.200 元以上 2000 元以下

C.5000 元以上 10000 元以下

D.1 万元以上 3 万元以下

11. 出租汽车经营者聘用未按规定办理注册手续的人员，驾驶出租汽车从事经营活动的，由县级以上出租汽车行政主管部门责令改正，处（A）罚款。

A.1000 元以上 3000 元以下

B.200 元以上 2000 元以下

C.50 元以上 200 元以下

D.3000 元以上 10000 元以下

12. 驾驶员未取得从业资格证或者超越从业资格证核定范围，驾驶出租汽车从事经营活动的，由县级以上出租汽车行政主管部门责令改正，并处（D）罚款。

A.500 元以上 1000 元以下

B.1000 元以上 5000 元以下

C.5000 元以上 10000 元以下

D.1 万元以上 3 万元以下

13. 使用失效、伪造、变造的从业资格证，驾驶出租汽车从事出租汽车经营活动的，由县级以上出租汽车行政主管部门责令改

正，并处（D）罚款。

A.500 元以上 1000 元以下

B.1000 元以上 5000 元以下

C.5000 元以上 10000 元以下

D.1 万元以上 3 万元以下

14. 转借、出租、涂改从业资格证的，由县级以上出租汽车行政主管部门责令改正，并处（D）罚款。

A.500 元以上 1000 元以下

B.1000 元以上 5000 元以下

C.5000 元以上 10000 元以下

D.1 万元以上 3 万元以下

15. 网约车平台公司及网约车驾驶员违法使用或者泄露约车人、乘客个人信息的，由公安、网信等部门依照各自职责处（C）罚款。

A.500 元以上 1000 元以下

B.1000 元以上 5000 元以下

C.2000 元以上 10000 元以下

D.1 万元以上 3 万元以下

16. 网约车平台公司及网约车驾驶员违法使用或者泄露约车人、乘客个人信息的，由公安、网信等部门依照各自职责处（C）的罚款。

A.500 元以上 1000 元以下

B.1000 元以上 5000 元以下

C.2000 元以上 10000 元以下

D.1 万元以上 3 万元以下

17. 起讫点均不在许可的经营区域从事巡游车经营活动的，由县级以上地方人民政府出租汽车行政主管部门责令改正，并处（C）罚款。

A.50 元以上 200 元以下

B.500 元以上 2000 元以下

C.5000 元以上 20000 元以下

D.1 万元以上 2 万元以下

18. 巡游车驾驶员接受出租汽车电召任务后未履行约定的，由县级以上地方人民政府出租汽车行政主管部门责令改正，并处（B）罚款。

A.50 元以上 200 元以下

B.200 元以上 2000 元以下

C.2000 元以上 10000 元以下

D.1 万元以上 2 万元以下

19.巡游车驾驶员不按照规定使用文明用语，车容车貌不符合要求的，由县级以上地方人民政府出租汽车行政主管部门责令改正，并处（B）罚款。

A.50 元以上 200 元以下

B.200 元以上 2000 元以下

C.2000 元以上 10000 元以下

D.1 万元以上 2 万元以下

20.巡游车驾驶员在机场、火车站、汽车客运站、港口、公共交通枢纽等客流集散地不服从调度私自揽客的，由县级以上地方人民政府出租汽车行政主管部门责令改正，并处（B）罚款。

A.50 元以上 500 元以下

B.500 元以上 2000 元以下

C.2000 元以上 10000 元以下

D.1 万元以上 2 万元以下

21.使用未取得道路运输证的车辆，擅自从事巡游车经营活动的，由县级以上地方人民政府出租汽车行政主管部门责令改正，并处（C）罚款。

A.50 元以上 200 元以下

B.200 元以上 2000 元以下

C.5000 元以上 20000 元以下

D.2 万元以上 3 万元以下

22.巡游车经营者不按照规定保证车辆技术状况良好的，由县级以上地方人民政府出租汽车行政主管部门责令改正，并处（D）罚款。

A.50 元以上 200 元以下

B.200 元以上 2000 元以下

C.2000 元以上 10000 元以下

D.1 万元以上 2 万元以下

23.使用失效、伪造、变造、被注销等无效道路运输证的车辆从事巡游车经营活动的，由县级以上地方人民政府出租汽车行

政主管部门责令改正，并处（C）罚款。

A.50 元以上 200 元以下

B.200 元以上 2000 元以下

C.5000 元以上 20000 元以下

D.1 万元以上 2 万元以下

24.巡游车经营者出租或者擅自转让出租汽车车辆经营权的，由县级以上地方人民政府出租汽车行政主管部门责令改正，并处（D）罚款。

A.50 元以上 200 元以下

B.200 元以上 2000 元以下

C.2000 元以上 10000 元以下

D.1 万元以上 2 万元以下

25.巡游车驾驶员未经乘客同意搭载其他乘客的，由县级以上地方人民政府出租汽车行政主管部门责令改正，并处（B）罚款。

A.50 元以上 200 元以下

B.200 元以上 2000 元以下

C.2000 元以上 10000 元以下

D.1 万元以上 2 万元以下

26.巡游车经营者未及时纠正出租汽车驾驶员转包经营的，由县级以上地方人民政府出租汽车行政主管部门责令改正，并处以（D）罚款。

A.50 元以上 200 元以下

B.200 元以上 2000 元以下

C.2000 元以上 10000 元以下

D.1 万元以上 2 万元以下

27.巡游车驾驶员不按照规定出具相应车费票据的，由县级以上地方人民政府出租汽车行政主管部门责令改正，并处（B）罚款。

A.50 元以上 200 元以下

B.200 元以上 2000 元以下

C.5000 元以上 20000 元以下

D.1 万元以上 2 万元以下

28.未取得巡游车经营许可，擅自从事巡游车经营活动的，由县级以上地方人民政府出租汽车行政主管部门责令改正，并处

（ C ）罚款。

A.50 元以上 200 元以下

B.500 元以上 2000 元以下

C.5000 元以上 20000 元以下

D.1 万元以上 2 万元以下

29.巡游车经营者不按照规定配置巡游出租汽车相关设备的，由县级以上地方人民政府出租汽车行政主管部门责令改正，并处（ D ）罚款。

A.50 元以上 200 元以下

B.500 元以上 2000 元以下

C.5000 元以上 20000 元以下

D.1 万元以上 2 万元以下

30.巡游车驾驶员不按照规定使用巡游车相关设备的，由县级以上地方人民政府出租汽车行政主管部门责令改正，并处（ B ）罚款。

A.50 元以上 200 元以下

B.200 元以上 2000 元以下

C.5000 元以上 20000 元以下

D.1 万元以上 2 万元以下

31.巡游车驾驶员转让、倒卖、伪造巡游车相关票据的，由县级以上地方人民政府出租汽车行政主管部门责令改正，并处（ B ）罚款。

A.50 元以上 200 元以下

B.500 元以上 2000 元以下

C.5000 元以上 20000 元以下

D.1 万元以上 2 万元以下

32.出租汽车驾驶员服务质量信誉考核实行基准分值为（ C ）分的计分制，另外加分分值为（ C ）分。

A.10，10   B.10，20

C.20，10   D.20，20

33.考核周期内综合得分为（ D ）的，出租汽车驾驶员服务质量信誉考核等级为AAA 级。

A.0 分   B.5 分以内

C.10 分以内   D.20 分及以上

34.考核周期内综合得分为（ A ）的，出租

汽车驾驶员服务质量信誉考核等级为 B 级。

A.0~3 分   B.1~10 分

C.11~19 分   D.20 分及以上

35.出租汽车驾驶员在考核周期内注册在岗时间少于 6 个月的，其服务质量信誉考核等级最高为（ B ）级。

A.AAA   B.AA

C.A   D.B

36.出租汽车驾驶员一个考核周期届满，经签注服务质量信誉考核等级后，该考核周期内的（ B ）。

A. 扣分与加分予以保留

B. 扣分与加分予以清除

C. 扣分予以清除

D. 加分予以清除

37.出租汽车驾驶员在考核周期内综合得分计至 3 分及以下的，应当在计至 3 分及以下之日起（ C ）日内，按有关规定接受培训。

A.7   B.10   C.15   D.30

38.对出租汽车驾驶员服务质量信誉考核信息有异议的，可以向（ A ）进行申诉或者举报。

A. 出租汽车行政主管部门

B. 所在地公安部门

C. 所在企业

D. 省级道路运输管理机构

39.出租汽车驾驶员驾驶未取得出租汽车营运证的车辆擅自从事出租汽车经营活动的、将出租汽车交给无从业资格证件的人员驾驶并从事出租汽车经营活动的、参与影响社会公共秩序或损害社会公众利益等停运事件的，出租汽车驾驶员服务质量信誉考核分值（ A ）。

A. 扣 20 分   B. 扣 10 分

C. 扣 5 分   D. 扣 3 分

40.巡游车驾驶员在运营过程中无正当理由拒载或擅自涂改、伪造、变造出租汽车从业资格证件上相关记录的，出租汽车驾驶员服务质量信誉考核分值（ B ）。

A. 扣 20 分　　　　　B. 扣 10 分
C. 扣 5 分　　　　　D. 扣 3 分

41. 出租汽车驾驶员在运营过程中不按计程计价设备显示金额收费的、未按规定随车携带有效消防器材的、未按规定停放车辆、候客、揽客的，出租汽车驾驶员服务质量信誉考核分值（B）。

A. 扣 10 分　　　　　B. 扣 5 分
C. 扣 3 分　　　　　D. 扣 1 分

42. 巡游车驾驶员在运营过程中有重大拾金不昧行为的、有协助查处违法行为的，出租汽车驾驶员服务质量信誉考核分值（B）。

A. 加 1 分　　　　　B. 加 3 分
C. 加 5 分　　　　　D. 加 10 分

43. 出租汽车驾驶员在考核周期内注册在岗时间少于（B）个月的，其服务质量信誉考核等级最高为 AA 级。

A.12　　　B. 6　　　C. 3　　　D. 1

44. 出租汽车驾驶员应当在服务质量信誉考核周期届满后（D）日内，持本人的从业资格证件到当地道路运输管理机构签注服务质量信誉考核等级。

A. 5　　　B. 10　　　C. 15　　　D. 30

45. 出租汽车经营者提供服务有欺诈行为的，应当按照乘客的要求增加赔偿其受到的损失，增加赔偿的金额为乘客接受服务的费用的（C）倍。

A.1　　　B.2　　　C.3　　　D.4

46. 突发事件分为自然灾害、事故灾难、（C）和社会安全事件。

A. 地质灾害　　　　B. 森林火灾
C. 公共卫生事件　　D. 洪涝灾害

47. 多人采用走访形式提出共同的信访事项的，应当推选代表，代表人数不得超过（C）人。

A. 3　　　B. 4　　　C.5　　　D.6

48. 受理注册申请的出租汽车行政主管部门应当在（B）日内办理完结注册手续。

A.3　　　　B.5　　　　C.10　　　　D.15

49. 巡游车驾驶员在从业资格注册有效期内，与出租汽车经营者解除劳动合同或者经营合同的，应当在（C）日内向原注册机构报告，并申请注销注册。

A.5　　　B.10　　　C.20　　　D.30

50. 出租汽车驾驶员因身体健康等其他原因不宜继续从事出租汽车客运服务的，由发证机关（A）其从业资格证。

A. 注销　　　　　B. 撤销
C. 补（换）发　　D. 核发

51. 出租汽车驾驶员达到法定退休年龄的，由发证机关（A）其从业资格证。

A. 注销　　　　　B. 撤销
C. 补（换）发　　D. 审核延续

52. 出租汽车驾驶员身体健康状况不再符合有关机动车驾驶员和相关从业要求且没有主动申请注销从业资格的，由发证机关（B）其从业资格证。

A. 注销　　　　　B. 撤销
C. 补（换）发　　D. 强制追回

53. 出租汽车驾驶员有交通肇事犯罪、危险驾驶犯罪记录，有吸毒记录，有饮酒后驾驶记录，有暴力犯罪记录，最近连续 3 个记分周期内记满 12 分记录的，由发证机关（B）其从业资格证。

A. 注销　　　　　B. 撤销
C. 补（换）发　　D. 强制追回

54. 劳动合同自用人单位与劳动者在劳动合同文本上（D）生效。

A. 认证
B. 备案
C. 签字并盖章
D. 签字或者盖章

55. 侵害他人造成人身损害的，不应当赔偿的是（D）。

A. 医疗费
B. 误工费
C. 护理费
D. 被抚养人的生活费

56. 侵害他人财产的，财产损失按照（C）

的市场价格或者其他方式计算。

    A. 提出请求时

    B. 判决生效时

    C. 损失发生时

    D. 财产生成时

57. 根据《安全生产法》规定，生产经营单位发生生产安全事故造成人员伤亡、他人财产损失，拒不承担赔偿责任或者其负责人逃匿的，由（A）依法强制执行。

    A. 人民法院

    B. 安全生产监督管理部门

    C. 公安机关

    D. 人力资源和社会保障部门

58. 根据《安全生产法》的规定，生产安全一般事故、较大事故、重大事故、特别重大事故的划分标准由（C）规定。

    A. 国家安全监督管理部门

    B. 各级人民政府

    C. 国务院

    D. 人民法院

59. 第二次修正后的《安全生产法》，自（A）起施行。

    A.2014 年 12 月 1 日

    B.2015 年 12 月 1 日

    C.2016 年 1 月 1 日

    D.2016 年 12 月 1 日

60. 消费者向有关行政部门投诉的，可以在（A）日之内得到回复。

    A.7   B.5   C.15   D.10

61. 机动车停车的错误做法是（D）。

    A. 应当在规定地点停放

    B. 禁止在人行道上停放

    C. 在道路上临时停车时，不得妨碍其他车辆和行人通行

    D. 可以停放在非机动车道上

三、多选题（42题）

1. 根据《安全生产法》规定，以下哪些属于道路运输单位安全生产部门以及安全生产管理人员的职责？（ABCD）

    A. 组织或者参与拟订安全生产操作规程

    B. 组织或者参与安全生产教育和培训

    C. 督促落实本单位重大危险源的安全管理措施

    D. 组织或者参与本单位应急救援演练

2. 根据《消费者权益保护法》，下列哪些属于消费者权益争议解决方式？（ABD）

    A. 请求消费者协会调解

    B. 与经营者协商和解

    C. 提请工商行政管理部门仲裁

    D. 向人民法院提起诉讼

3. 消费者享有（ABC）等权利。

    A. 自主选择商品或者服务

    B. 自主选择提供商品或者服务的经营者

    C. 公平交易

    D. 强行索赔

4. 根据《劳动合同法》，劳动合同分为（ABC）。

    A. 固定期限劳动合同

    B. 无固定期限劳动合同

    C. 完成一定工作任务为期限的劳动合同

    D. 长期劳动合同

5. 订立劳动合同，应当遵循合法、公平、（ACD）的原则。

    A. 平等自愿

    B. 公开、公正

    C. 协商一致

    D. 诚实信用

6. 下列说法不正确的有（ACD）。

    A. 用人单位自签订合同之日起即与劳动者建立劳动关系。

    B. 用人单位自用工之日起即与劳动者建立劳动关系。

    C. 用人单位自发放工资之日起即与劳动者建立劳动关系。

    D. 用人单位自合同生效之日起即与劳动者建立劳动关系。

7. 下列属于出租汽车企业与驾驶员签订劳动合同必须具备内容的有（ABCD）。

    A. 劳动合同期限

B. 工作时间和休息休假

C. 劳动报酬

D. 社会保险

8. 下列属于出租汽车企业与驾驶员签订经营合同必须具备内容的有（AB）。

A. 经营期限

B. 收益分配方式

C. 社会保险

D. 工作时间和休息休假

9. 鼓励市县道路运输管理机构、出租汽车企业以及相关社团组织对（BD）的出租汽车驾驶员进行表彰奖励。

A. 服务质量信誉考核等级为 AA 级及以上

B. 服务质量信誉考核等级为 AAA 级

C. 服务规范

D. 有较高奖励分值

10. 出租汽车驾驶员有（ACD）的，应当将其列入不良记录名单。

A. 连续两个考核周期服务质量信誉考核等级均为 B 级

B. 在考核周期内服务质量信誉考核综合得分为 0 分

C. 在一个考核周期内累积综合得分有两次以上为 0 分

D. 无正当理由超过规定时间，未签注服务质量信誉考核等级

11. 巡游车驾驶员有（AD）行为的，由县级以上出租汽车行政主管部门责令改正，并处以 500 元以上 2000 元以下罚款。

A. 在机场、火车站、汽车客运站、港口、公共交通枢纽等客流集散地不服从调度私自揽客

B. 不按照规定使用计程计价设备、违规收费

C. 接受出租汽车电召任务后未履行约定

D. 转让、倒卖、伪造出租汽车相关票据

12. 国家鼓励巡游出租汽车实行（ABC）经营。

A. 规模化

B. 集约化

C. 公司化

D. 个体化

13. 网约车平台公司及网约车驾驶员违法使用或者泄露约车人、乘客个人信息的，给信息主体造成损失的，依法承担的责任有（ABC）。

A. 行政责任

B. 民事责任

C. 刑事责任

D. 经济赔偿

14. 有（ABC）等行为的人员，由县级以上出租汽车行政主管部门责令改正，并处 1 万元以上 3 万元以下罚款。

A. 未取得从业资格证或者超越从业资格证核定范围，驾驶出租汽车从事经营活动

B. 使用失效、伪造、变造的从业资格证，驾驶出租汽车从事经营活动

C. 转借、出租、涂改从业资格证

D. 拒载、议价、途中甩客或者故意绕道行驶

15. 出租汽车驾驶员有（BCD）等行为的，由县级以上出租汽车行政主管部门责令改正，并处 200 元以上 2000 元以下罚款。

A. 转借、出租、涂改从业资格证

B. 不按照规定使用文明用语，车容车貌不符合要求

C. 未办理注册手续驾驶出租汽车从事经营活动

D. 不按照规定出具相应车费票据

16. 出租汽车驾驶员具有（CD）等情形的，发证机关应当撤销其从业资格证。

A. 持证人死亡

B. 持证人达到法定退休年龄

C. 有交通肇事犯罪、危险驾驶犯罪记录，有吸毒记录，有饮酒后驾驶记录，有暴力犯罪记录，最近连续 3 个记分周期内记满 12 分记录

D. 持证人身体健康状况不再符合从业要求且没有主动申请注销从业资格证

17. 出租汽车驾驶员具有（ABD）等情形的，发证机关应当注销其从业资格证。

A. 持证人死亡

B. 持证人达到法定退休年龄

C. 发生重大以上且负同等以上责任的道路交通事故

D. 因身体健康等其他原因不宜继续从事出租汽车客运服务

18. 出租汽车驾驶员有（BC）等情形的，出租汽车行政主管部门不予延续注册。

A. 驾驶经历不满 5 年

B. 不具有完全民事行为能力

C. 受到刑事处罚且刑事处罚尚未执行完毕

D. 过去 1 个记分周期内机动车驾驶证有记满 12 分记录

19. 出租汽车驾驶员对行政处罚决定不服的，可以依法申请或者提起（AD）。

A. 行政复议

B. 仲裁

C. 申诉

D. 行政诉讼

20. 根据《出租汽车驾驶员从业资格管理规定》，申请参加出租汽车驾驶员从业资格考试的，应当符合的条件有（ABD）。

A. 取得相应准驾车型机动车驾驶证并具有 3 年以上驾驶经历

B. 无交通肇事犯罪、危险驾驶犯罪记录，无吸毒记录，无饮酒后驾驶记录，最近连续 3 个记分周期内没有记满 12 分记录

C. 无犯罪记录

D. 城市人民政府规定的其他条件

21. 申请从业资格注册或者延续注册的巡游车驾驶员，应当持下列哪些材料到发证机关所在地的出租汽车行政主管部门申请注册？（ABC）

A. 填写好的《出租汽车驾驶员从业资格注册登记表》

B. 从业资格证

C. 与出租汽车经营者签订的劳动合同或

者经营合同

D. 身份证明

22. 城市人民政府要妥善解决出租汽车驾驶员在（ABD）等方面的实际困难。

A. 停车

B. 就餐

C. 加油（气）

D. 如厕

23. 关于出租汽车的定位，以下说法正确的有（BCD）。

A. 城市公共交通的组成部分

B. 城市公共交通的补充

C. 为社会公众提供个性化运输服务

D. 城市综合交通运输体系的组成部分

24. 出租汽车驾驶员从业资格证不得（ACD）。

A. 转借、出租

B. 补办

C. 涂改

D. 伪造

25. 出租汽车驾驶员有（ABCD）情形的，由发证机关注销其从业资格证。从业资格证被注销的，应当及时收回；无法收回的，由发证机关公告作废。

A. 持证人死亡的

B. 持证人申请注销的

C. 持证人达到法定退休年龄的

D. 持证人机动车驾驶证被注销或者被吊销的

26. 网约车平台公司暂停或者终止运营的，应当提前 30 日向服务所在地出租汽车行政主管部门书面报告，说明有关情况，通告（AB），并向社会公告。

A. 提供服务的车辆所有人

B. 提供服务的驾驶员

C. 价格管理部门

D. 工商部门

27. 网约车平台公司应当记录驾驶员、约车人在其服务平台发布的（ABC）、订单日志、上网日志、网上交易日志、行驶轨

迹日志等数据并备份。

A. 信息内容

B. 用户注册信息

C. 身份认证信息

D. 银行账号信息

28. 出租汽车驾驶员遇到以下情形，做法正确的有（ABD）。

A. 乘客对服务不满意时，虚心听取批评意见

B. 乘客临时改变目的地的，应按新目的地重新选择合理路线

C. 发现乘客遗失财物，设法及时归还失主。无法找到失主的，可以自己留存

D. 发现乘客遗留可疑危险物品的，立即报警

29. 巡游车驾驶员在运营过程中有（ABD）情形的，乘客有权拒绝支付费用。

A. 不按照规定使用计程计价设备，或者计程计价设备发生故障时继续运营

B. 不按照规定向乘客出具相应车费票据

C. 因道路交通堵塞，不能将乘客及时送达目的地

D. 拒绝按规定接受刷卡付费

30. 国家出台《劳动合同法》是为了（ABCD）。

A. 完善劳动合同制度

B. 明确劳动合同双方当事人的权利和义务

C. 保护劳动者的合法权益

D. 构建和发展和谐稳定的劳动关系

31. 根据《消费者权益保护法》，下列属于消费者协会履行的公益性职责是（ABC）。

A. 向消费者提供消费信息和咨询服务

B. 受理消费者的投诉，并对投诉事项进行调查、调解

C. 就损害消费者合法权益的行为，支持受损害的消费者提起诉讼

D. 向消费者推荐商品和服务

32. 以下哪类事件属于突发事件，会造成或者可能造成严重社会危害，需要采取应急处置措施予以应对？（ABCD）

A. 自然灾害

B. 事故灾害

C. 公共卫生事件

D. 社会安全事件

33. 巡游车驾驶员应当（ABCD）。

A. 依法经营

B. 诚实守信

C. 公平竞争

D. 优质服务

34. 巡游车运营过程中有（ABCD）情形之一的，乘客有权拒绝支付费用。

A. 驾驶员不按照规定使用计程计价设备，或者计程计价设备发生故障时继续运营

B. 驾驶员不按照规定向乘客出具相应车费票据

C. 驾驶员因发生道路交通安全违法行为接受处理，不能将乘客及时送达目的地

D. 驾驶员拒绝按规定接受刷卡付费

35. 出租汽车驾驶员有（ABCD）行为的，情节严重的，应当对其延期注册。

A. 不按照规定携带道路运输证、从业资格证

B. 不按照规定使用出租汽车相关设备

C. 未经乘客同意搭载其他乘客

D. 网约车驾驶员违反规定巡游揽客、站点候客

36. 出租汽车驾驶员服务质量信誉考核内容包括（ABCD）。

A. 遵守法规

B. 安全生产

C. 经营行为

D. 运营服务

37. 下列说法正确的是（ABD）。

A. 任何企业和个人不得向未取得合法资质的车辆、驾驶员提供信息对接开展网约车经营服务

B. 不得以私人小客车合乘名义提供网约车经营服务

C. 网约车车辆和驾驶员不得通过网络服务平台提供运营服务

D. 不得泄露地理坐标、地理标志物等涉及国家安全的敏感信息

38. 出租汽车安全生产的工作方针有（BCD）。

A. 以企业为本

B. 坚持安全发展

C. 坚持安全第一

D. 预防为主、综合治理

39. 下列属于《侵权责任法》规定的承担侵权责任的方式的是（ABCD）。

A. 停止侵害

B. 消除危险

C. 赔偿损失

D. 消除影响

40. 下列说法正确的是（ABC）。

A. 劳动合同期限 3 个月以上不满 1 年的，试用期不得超过 1 个月

B. 劳动合同期限 1 年以上不满 3 年的，试用期不得超过 2 个月

C. 3 年以上固定期限和无固定期限的劳动合同，试用期不得超过 6 个月

D. 同一用人单位与同一劳动者可以约定二次试用期

41. 出租汽车驾驶员散播乘客信息损害乘客权益的，应承担侵权责任。承担侵权责任的方式有（ABCD）。

A. 停止侵害

B. 赔偿损失

C. 赔偿道歉

D. 消除影响

42. 出租汽车驾驶员对于业务活动中获取的乘客信息不得（ABCD）。

A. 泄露

B. 篡改

C. 出售

D. 非法向他人提供

▶ **单元二**

职业道德

学习目标：

1. 牢记出租汽车驾驶员的社会责任，在工作中践行社会主义核心价值观；
2. 深入理解出租汽车驾驶员的职业道德要求。

模块一 出租汽车驾驶员社会责任

出租汽车驾驶员的社会责任在于服务于广大人民群众、传递社会正能量、展示城市文明形象。

一 服务广大人民群众

出租汽车驾驶员不断提高服务质量，更好地服务广大人民群众是履行社会责任的根本要求。出租汽车驾驶员要以符合行业标准的行为，为广大人民群众做好服务。

1 依法运营，规范服务

出租汽车驾驶员职业的核心要求是方便大众出行，为乘客提供满意的服务。依法运营、规范服务是出租汽车驾驶员提供满意服务的前提。出租汽车驾驶员在日常的运营服务中，应当全面掌握从业所需的知识、技能、能力，牢固树立自律意识，自觉约束职业行为，严格遵守国家法律法规规定和服务标准规范，做到有所为、有所不为，如自觉遵守交通法规，做到按合理路线行驶、执行收费标准等。严禁拒载、故意绕道、违规揽客、中途甩客、议价收费（包

车除外）等，杜绝有损行业形象和乘客利益的行为，不断提高服务质量，尽到职业责任。

2 尊老爱幼，扶危济困

尊老爱幼是中华民族的传统美德。出租汽车驾驶员要满足"老、弱、病、残、孕"等特需乘客的要求，为特需乘客提供乘车方便。此外，救死扶伤也是出租汽车驾驶员的责任和义务。在交通事故现场或其他特殊环境遇有伤病员急需送往医院救治时，出租汽车驾驶员应当及时主动伸出援助之手，力所能及为伤病员提供服务。

3 拾金不昧，归还失物

出租汽车驾驶员在运营时，经常会遇到乘客由于匆忙下车，将随身物品遗忘在车上的情况。出租汽车驾驶员发现乘客遗失的物品时，要做到拾金不昧，通过各种途径与失主联系，及时将物品归还乘客。如果联系不到失主，要把遗失物品移交附近公安机关派出所或所在企业，以便寻找乘客，招领失物。

二 传递社会正能量

出租汽车服务具有流动分散、服务面广的特点，出租汽车驾驶员具备传递社会正能量的特殊优势。出租汽车驾驶员要立足本岗，弘扬正气，抵制歪风邪气；宣传正面声音，消除不良影响；伸张正义，勇于同违法犯罪分子巧妙斗争；通过自己的工作优势，把社会正能量传递到城市各个角落。

1 传承社会公德

社会公德是人们在社会交往和公共生活中应该遵守的行为准则，是维护社会成员之间社会关系秩序、保证社会和谐稳定的最基本的道德要求。驾驶员的文明行为和社会公德，事关出租汽车行业和驾驶员队伍的整体形象。在出租汽车运营过程中，驾驶员要自觉遵守社会公德，文明礼貌、助人为乐、爱护公物、保护环境、遵纪守法，从小事做起，从自身做起，加强自身修养，传承社会公德，用自己良好的职业形象服务乘客、感染乘客。

2 无私奉献社会

出租汽车驾驶员奉献社会的实际行动，

能充分展示城市的理念和文明形象。出租汽车驾驶员义务为高考学生提供接送服务，为残疾人、老年人等出行不便的乘客提供倍加优质甚至无偿服务等，都是以实际行动奉献社会的典型表现。此外，对遭受地震、洪涝和冰雪等自然灾害的受害群众，以力所能及的方式伸出援助之手，也能有效地感染受害群众，推动城市精神文明深入发展。

3 维护社会和谐稳定

遇到自然灾害、事故灾难、公共卫生事件和社会安全事件等突发事件时，出租汽车驾驶员有义务参与突发事件应对工作。在获悉突发事件信息后，应当立即向所在地人民政府、有关主管部门或者指定的专业机构报告，服从人民政府和有关部门指挥调度，积极参加应急救援工作，协助维护社会秩序。此外，出租汽车驾驶员在保证自身安全的前提下，应当积极配合公安机关维护社会治安，发现暴恐行为、损害公共财产和伤害人民生命安全的行为，要迅速报警，提供线索协助公安机关组织救援、逮捕罪犯，维护社会稳定。

三 展示城市文明形象

出租汽车行业是城市的"窗口"行业，出租汽车驾驶员的运营服务，一方面反映了当地出租汽车行业的发展水平，另一方面也展现了城市的人文风貌和文明形象。

1 保持整洁的车容车貌

出租汽车的外在形象是城市文明形象的重要标志。整洁的车容车貌、高品质的车辆技术状况会给乘客带来清新、舒适的乘车体验。出租汽车驾驶员所驾车辆技术条件和车辆污染物排放限值应符合国家标准的要求，符合国家和地方准入条件，配置尽量做到简洁、经济、大方，车身颜色及喷涂符合当地管理部门的规定。运营时要保持车辆整洁，标志齐全，车内干净清新，夜间照明条件良好，使出租汽车成为城市一道靓丽的风景线。

2 树立良好的服务形象

出租汽车驾驶员良好的形象、得体的着装、温馨的语言、文明的行为，会让乘客感

到满意和放心。在运营中，出租汽车驾驶员要按规定着装，佩戴服务标志，灵活运用普通话、地方方言和常用外语，举止文明，仪容仪表端正，礼貌待客，笑迎乘客，当好城市文明形象大使。

3 积极传播城市文明

出租汽车驾驶员在做好服务的同时，应主动宣传城市，提升城市的知名度和美誉度。可根据乘客需求，介绍城市历史、人文地理、旅游景点、发展成果等，展示城市文明和繁荣，不做有损行业和城市形象的事，不信谣、不传谣。

小知识

"三个倡导"

中国共产党第十八次全国代表大会提出了以"三个倡导"为基本内容的社会主义核心价值观。培育和践行社会主义核心价值观是全社会的共同责任，需要全体社会成员的广泛参与。

国家层面的价值目标：倡导富强、民主、文明、和谐。

社会层面的价值取向：倡导自由、平等、公正、法治。

公民个人层面的价值准则：倡导爱国、敬业、诚信、友善。

模块二 出租汽车驾驶员职业道德

一 出租汽车驾驶员职业道德的含义和特征

1 基本含义

出租汽车驾驶员的职业道德是驾驶员在运营服务中所应遵循并带有职业特点的行为规范和准则，是一般道德规范在出租汽车行业职业规范内的体现，是出租汽车行业对社会所承担的道德责任和义务。

加强出租汽车驾驶员职业道德建设，有

利于促进出租汽车市场健康、有序发展，有利于全面提升出租汽车行业文明程度和从业人员素质，有利于进一步提高出租汽车服务质量和服务水平，规范经营行为。

2 基本特征

与其他行业相比，出租汽车驾驶员的职业道德有着自身的鲜明特征：

（1）服务性。提供服务是出租汽车服务的首要特性。出租汽车驾驶员必须要遵守和服从这一首要特性，并通过自身的努力来充分满足社会大众对出租汽车服务的要求。

（2）自律性。出租汽车服务有着单车运营、流动性强、接触面广的特点。服务人员必须要有较高的道德品质修养，能自觉遵守法律法规和行业的服务规范，禁得住各种各样的诱惑和考验。

（3）特殊性。出租汽车驾驶员的职业道德特指符合出租汽车行业要求的职业理想、职业态度、职业义务、职业技能、职业纪律、职业良心、职业荣誉和职业作风等，具有行业的特殊性。

（4）专业性。出租汽车行业的管理、运营、服务、安全等方面已逐步形成一套科学、规范的体系。服务人员只有认真学习和研究内在的特有规律和要求，掌握专业技能，才能为乘客提供优质的服务。

（5）约束性。为确保服务规范，国家、地方政府和服务组织及行业协会等制定了一系列的法律法规和规章制度。服务人员如果违反了上述规定，将受到相应的教育和处理。这种约束性促使服务人员不断提高维护职业道德的自觉性。

（6）稳定性。出租汽车行业职业道德规范不仅是传统道德规范的体现，也是经过长时间的职业经历提炼形成的，一旦被行业和社会认同就会有相对的稳定性，并在相对稳定的过程中逐步提升。

二 出租汽车驾驶员职业道德基本内容

根据出租汽车驾驶员的工作性质、社会职责和服务特点，其职业道德可概括为遵章守纪、爱岗敬业、文明行车、诚信经营等。

1 遵章守纪

单人单车运营是出租汽车的运营特点。因此，出租汽车驾驶员要有较高遵纪守法的自觉性和法制观念，才能胜任职业要求。在日常工作中，出租汽车驾驶员要遵守国家相关法律法规和企业规章制度及运营规范，要牢固树立"安全第一、预防为主"的观念，坚实贯彻对社会公众生命财产安全负责的思想，做到"马达一响，集中思想；车轮一动，想到民众"。

1 遵章守纪

遵章守纪是维护出租汽车驾驶员职业活动正常开展的重要保证。出租汽车驾驶员在平时的运营过程中，要能做到知法守法，在业余时间也要养成主动学法懂法的习惯，以法制思想来引导日常的经营活动。出租汽车驾驶员除了需认真遵守出租汽车行业相关法律、法规和规章，也要严格遵守行业技术和安全操作规程以及出租汽车企业的有关规定，努力在实践中加深理解，养成自觉遵守的习惯。

2 服从管理

服从管理对出租汽车驾驶员来说，不仅是遵守职业纪律的要求，而且也是出租汽车行车营运服务工作的需要。首先，驾驶员应服从政府有关部门的监督和检查，在政府有关部门执法人员执法过程中，把服从管理看作是自己的职业美德，自觉地服从管理和接受检查，如对检查、处理有意见，可以依法维护权益。其次，出租汽车驾驶员作为出租汽车企业的一员，要尊重出租汽车经营者的管理，服从管理人员的统一调配，不能只顾强调个人第一、兴趣第一，对管理者的正确意见和做法应该虚心接受，并予以积极支持和配合。

2 爱岗敬业

出租汽车驾驶员是一个平凡的岗位，但要做好日常的服务工作并不简单，只有养成对岗位本职的热爱，才能树立敬业精神，以"干一行、爱一行、专一行、成一行"的姿态，投入到运营中去。爱岗敬业对出租汽车驾驶员来说尤为重要，因为它是驾驶员为乘客提供优质服务的前提。只有做到干一行爱一行，少计较个人得失，才能在平凡的岗位干出不平凡的业绩。

（1）优质服务。表现在调节职业心态，不论载送乘客的远近、营业收入的多少、运营环境的优劣，都应持之以恒地保持好对本职工作的热情，积极遵循工作要求和操作规范，毫无敷衍懈怠，在自己的工作岗位上勤勤恳恳、任劳任怨，自觉履行职业道德义务，以良好的服务态度满足社会需求，赢得乘客尊重。

（2）钻研服务技巧，提升服务技能。驾驶员要练就在短时间交流中通过乘客的言谈举止体察其心理活动的本领，提供针对乘客特点的个性化服务。这需要驾驶员潜心钻研，了解心理学知识，探索研究乘客心理的活动规律，掌握和摸索使乘客心情舒畅的服务技巧，用巧妙的服务用语和热情得体的举止感染乘客；及时发现对方异常情绪，提前采取对策，使乘客满意。

（3）改善知识结构，提高服务水平。要做好服务，除了车辆、客运、交通等专业知识，还要了解历史地理人文等知识，这样才能掌握服务乘客的分寸、办法。出租汽车驾驶员可以多了解以下知识：一要知晓一些国内外时事政治，懂得党的方针政策，使自己有比较清醒的政治头脑；二要了解本地和各地的风俗习惯、地理人情、名胜古迹及名优特产等，使自己有比较丰富的文化涵养；三要学习一些当今科技的基本常识，使自己对行业在用的GPS等设备管理方法有所了解；四要掌握英语、日语等常用业务用语，甚至包括方言、哑语，满足外宾和特殊人群的需要。总之，只有掌握丰富知识，才能在服务中做到得心应手，使乘客有亲切感。

3 文明行车

1 安全驾驶

出租汽车驾驶员在思想上牢固树立"安全第一、预防为主"的观念是确保行车安全的前提，"安全第一"就是要重视行车安全，把它放在首要的位置，凡是对行车安全有严重妨碍的应服从行车安全的需要。"预防为主"就是将一切不利于安全的因素消灭在萌芽状态。在任何情况下，出租汽车驾驶员都要对自己敲响行车安全警钟，时时刻刻绷紧安全行车这根弦。

安全行车是出租汽车服务顺利开展的前提。出租汽车驾驶员在运营过程中应当注意驾驶文明，谨慎驾驶，安全行车。要坚决避免坏车、病车上路，坚决避免酒后开车。在车辆行驶过程中要依法依规行驶、不争不抢，坚持做到"礼让三先"（先让、先慢、先停）与"十不开"（时间紧急不开急躁车、道路不熟不开冒险车、道路条件好不开麻痹车、对方态度不好不开赌气车、连续工作不开松劲车、无人检查不开自由车、车辆有故障不开"带病车"、心情不好不开情绪车、受到鼓励不开"英雄车"、交会车时不开霸王车）。

2 文明驾驶

据公安机关交通管理部门统计，"十大交通陋习"包括强行超车、随意并线，加塞抢行，不礼让斑马线，开车打手机，不系安全带，乱鸣笛，随意向车外抛撒物品，发生轻微事故纠缠不挪车，非机动车闯灯越线和行人过马路不走人行横道、乱穿乱行。

出租汽车驾驶员在行车中，要杜绝上述驾驶陋习，保持良好的心态，做到文明驾驶。在处理车与车、车与人的关系时一定要坚持礼貌行车，做到"礼让三分"，坚持"宁停三分，不抢一秒"，坚持"得礼让人，安全为上"。即使对方无理，也不要盛气凌人，赌气行车，这样才不至于发生行车事故。

3 绿色驾驶

绿色驾驶是节省燃油、减少尾气排放、

有益健康、兼顾效率，同时又能延长车辆使用寿命的驾驶方法。面对能源紧缺的日益严峻和环境污染的持续加剧，出租汽车驾驶员要树立绿色驾驶意识，提高节能与环保驾驶技能，养成不急加油、不急制动、停车候客熄火等良好习惯，在运营中选择最经济的行驶路线，减少汽车燃油消耗和废气排放，降低运营成本。

4 诚信经营

诚信是中国历史几千年传承下来的重要道德准则，也是当前社会主义核心价值观的重要内容。出租汽车行业是典型的服务行业，诚信更应该作为出租汽车驾驶员进入这个行业、从事这个职业的立业之本。诚信经营要求出租汽车驾驶员要按照规定计费收费、选择合理行驶路线、按照约定提供服务、拾金不昧；要求驾驶员形象文明、语言文明、态度文明、举止文明等，做到不拒载、不议价、不中途甩客、不故意绕道行驶等。

小知识

商鞅立木赏金

春秋战国时，秦国的商鞅在秦孝公的支持下主持变法。为了树立公信，推进改革，商鞅下令在都城南门外立一根三丈长的木头，并当众许下诺言：谁能把这根木头搬到北门，赏金10两。围观的人不相信如此轻而易举的事能得到如此高的赏赐，结果没人肯出手一试。于是，商鞅将赏金提高到50金，终于有人站起将木头扛到了北门。商鞅立即赏了他50金。商鞅这一举动，在百姓心中树立起了威信，接下来的变法就很快在秦国推广开了。商鞅立木赏金，充分体现了诚信的重要作用。

练习题

职业道德（40题）

一、判断题（18题）

1. 出租汽车驾驶员的社会责任在于服务广大人民群众。　　　　　　（ √ ）

2. 出租汽车服务是为社会公众提供个性化"站到站"的便捷运输服务。（ × ）

3. "爱国、敬业、诚信、民主"，是公

民基本道德规范，是社会层面对社会主义核心价值观基本理念的凝练。　　（×）

4. 出租汽车驾驶员职业的核心要求是方便大众出行，为乘客提供满意的服务。
　　（√）

5. "三八"国际妇女节，出租汽车驾驶员义务搭载女乘客是无私奉献社会的行为。
　　（√）

6. 特需乘客包括但不限于"老、弱、病、残、孕"等乘客。　　（√）

7. 发现乘客遗失的物品时，出租汽车驾驶员要做到拾金不昧，及时与失主联系归还物品。　　（√）

8. 依法运营、规范服务是出租汽车驾驶员为乘客提供满意服务的前提。　　（√）

9. 出租汽车服务具有流动分散、服务面广的特点，出租汽车驾驶员具备传递社会正能量的特殊优势。　　（√）

10. 社会公德是人们在社会交往和公共生活中应该遵守的行为准则，是保证社会和谐稳定最基本的道德要求。　　（√）

11. 出租汽车驾驶员发现暴恐行为、损害公共财产和伤害人民生命安全的行为，应直接阻止犯罪分子的行为。　　（×）

12. 出租汽车驾驶员职业道德是驾驶员在运营服务中所应遵循并带有职业特点的行为规范和准则。　　（√）

13. 出租汽车运营服务讲究个性化，对驾驶员的约束越少越好。　　（×）

14. 出租汽车服务有单车运营的特点，对出租汽车驾驶员自律性要求高。　　（√）

15. 遵章守纪、爱岗敬业、文明行车是出租汽车驾驶员职业道德的基本内容。
　　（√）

16. 优质服务、诚信经营、无私奉献、绿色驾驶是出租汽车驾驶员职业道德的基本内容。　　（√）

17. "安全第一、预防为主"是出租汽车驾驶员确保行车安全的前提。　　（√）

18. 绿色驾驶的唯一目的是节省燃油，为驾驶员省钱。　　（×）

二、单选题（18题）

1. 出租汽车驾驶员义务接送高考考生属于（B）的社会责任。
A. 救死扶伤　　　　B. 无私奉献
C. 拾金不昧　　　　D. 尊老爱幼

2. 不属于出租汽车驾驶员的职业道德自身特征的是（A）。
A. 广泛性　　　　　B. 服务型
C. 自律性　　　　　D. 专业性

3. 对于道听途说的小道消息不应该（B）。
A. 不信谣　　　　　B. 及时传播
C. 不传谣　　　　　D. 自我辨识

4. 出租汽车驾驶员在运营服务中杜绝故意绕道的行为，是承担了（D）的社会责任。
A. 拾金不昧　　　　B. 扶贫济困
C. 尊老爱幼　　　　D. 规范服务

5. 关于党的十八大提出的社会主义核心价值观中"三个倡导"不包括（D）。
A. 国家层面的价值目标
B. 社会层面的价值取向
C. 公民个人层面的价值准则
D. 集体层面的价值观念

6. 出租汽车驾驶员社会责任不包括（A）。
A. 职业道德定义
B. 服务广大群众
C. 传递社会正能量
D. 展示城市文明形象

7. 当出租汽车驾驶员在承担社会责任与获得经济利益产生矛盾时应（C）。
A. 果断放弃社会责任
B. 只需考虑经济利益
C. 认识两者相辅相成的关系
D. 不需考虑社会责任

8. 出租汽车驾驶员承担服务广大群众的社会责任，不包括（B）。
A. 依法运营规范服务
B. 面对利益斤斤计较

C. 拾金不昧归还失物

D. 尊老爱幼扶危济困

9. "富强、民主、文明、和谐"，是（**A**）层面对社会主义核心价值观基本理念的凝练。

A. 国家　　　　　　　B. 社会

C. 组织　　　　　　　D. 个人行为

10. 出租汽车驾驶员承担展示城市文明形象的社会责任，不包括（**B**）。

A. 保持整洁的车容车貌

B. 随时捡拾公共垃圾

C. 树立良好的服务形象

D. 积极传播城市文明

11. 出租汽车驾驶员职业道德是驾驶员在运营服务中所应遵循并带有职业特点的（**D**）和准则。

A. 个人意愿　　　　　B. 自身行为

C. 工作规范　　　　　D. 行为规范

12. 商鞅立木赏金的事例充分说明了（**C**）的重要性。

A. 守法　　　　　　　B. 奉献

C. 诚信　　　　　　　D. 服务

13. 据公安机关交通管理部门统计，"十大交通陋习"不包括（**B**）。

A. 强行超车　　　　　B. 系安全带

C. 随意并线　　　　　D. 不礼让斑马线

14. 出租汽车驾驶员小王下班后自学外语，体现了（**D**）的职业道德。

A. 无私奉献　　　　　B. 文明行车

C. 拾金不昧　　　　　D. 爱岗敬业

15. 出租汽车驾驶员改善知识结构的途径不包括（**C**）。

A. 知晓时事政治，党的方针政策

B. 了解人文地理、提升文化内涵

C. 打听小道消息、奇闻异事

D. 掌握外语知识、常用科技知识

16. 出租汽车驾驶员文明行车不包括

（**C**）。

A. 安全驾驶　　　　　B. 文明驾驶

C. 违章驾驶　　　　　D. 绿色驾驶

17. 不能体现文明驾驶理念的是（**B**）

A. 宁停三分，不抢一秒

B. 赌气行车

C. 得礼让人，安全为上

D. 礼让三分

18. 出租汽车驾驶员小李在政府有关部门执法人员执法过程中积极配合，并将自己的意见通过合法途径反馈，符合（**A**）的职业道德要求。

A. 服从管理　　　　　B. 钻研技能

C. 爱岗敬业　　　　　D. 安全驾驶

三、多选题（4题）

1. 出租汽车驾驶员承担传递社会正能量的社会责任，包括（**ABD**）。

A. 传承社会公德

B. 无私奉献社会

C. 认真挑选乘客

D. 维护社会和谐稳定

2. 公民个人层面的价值准则包括（**ABCD**）。

A. 爱国　　　　　　　B. 敬业

C. 诚信　　　　　　　D. 友善

3. 出租汽车驾驶员的社会责任体现在（**BCD**）。

A. 只关注经济收入

B. 服务广大群众

C. 传递社会正能量

D. 展示城市文明形象

4. 绿色驾驶的优势在于（**ABCD**）。

A. 节省燃油

B. 减少尾气排放

C. 有益健康

D. 延长车辆使用寿命

单元三
服务标准

学习目标：

1.掌握出租汽车运营服务基本知识与服务流程；

2.掌握车辆服务要求；

3.掌握驾驶员服务仪容和言行举止要求，熟练运用驾驶员服务用语；

4.掌握对特殊人群服务要求，熟悉服务禁忌，熟练运用服务技巧；

5.掌握服务评价与投诉处理知识。

模块一 出租汽车运营服务基本知识

一 出租汽车运营服务特点

出租汽车服务是以出租汽车为运载工具，根据乘客出行需求将乘客送达目的地，并按规定收取费用的经营活动，主要体现出如下特点：

1 便捷性

出租汽车服务的便捷性，体现为在时间和地点上能够满足乘客的需求，及时、准时、省时地为乘客服务。出租汽车服务与其他城市公共交通服务相比，乘客可以按自己的需求预约或即时使用出租汽车服务，不受规定路线、时间的限制。出租汽车服务提供"点对点"、"门到门"的运输方式，乘客无需转乘其他运输方式就能到达目的地。出租汽车提供的"全天候"服务，可以满足乘客在不同时段的出行需要，充分体现其满足乘客方便、快捷出行需求的

特点。

2 专属性

乘客搭载出租汽车后，就等于出租汽车驾驶员对乘客承诺了服务，与乘客确立了服务的买卖关系，即乘客购买了出租汽车这一运营时段的专属服务。这个时段内乘客可以自行决定行车路线，并有权拒绝出租汽车驾驶员向其他成员提供相同的服务，具有典型的排他性即专属性。

3 互动性

在出租汽车运营服务中，出租汽车驾驶员与乘客之间需要互动和沟通。当乘客无法确定最佳的行车路线时，驾驶员要主动为乘客提供合理的建议，乘客也可以要求驾驶员为其提供定制化的服务。出租汽车驾驶员与乘客的互动关系，也是服务乘客的一部分，并成为乘客衡量服务满意度的重要指标。

去机场！

先生，您赶时间吧，几点的航班？我尽量为您争取时间。

4 易逝性

服务的易逝性又称不可储存性，出租汽车驾驶员提供服务是一个短暂的过程，这种服务是不能保存、储存待售和退回的，因此要重视乘客每一次乘车的感受。

二 出租汽车乘客的服务需求

出租汽车运营服务的对象是乘客，乘客在乘坐出租汽车的过程中，既有共性的需求，也有个性化的需求。出租汽车驾驶员需要了解乘客的服务需求，尊重乘客的选择，满足乘客的服务需要，为乘客提供安全、方便、快捷、舒适的服务。

1 安全的需求

出行安全，是乘客对出租汽车服务的第一需求。出租汽车的服务首先要做到安全运行，才能实现后续的服务。乘客对安全的需求，决定了出租汽车驾驶员必须严格遵守道路交通安全法律法规，杜绝违法行为和不良驾驶习惯，文明行车、安全驾驶，确保乘客的出行安全。

安全驾驶，平稳行车。

2 方便的需求

多数人乘坐出租汽车出行是出于方便的需要。为了满足不同乘客的需求，出租汽车可以提供扬手招车、电召服务、站点服务、包车服务、网络预约出租汽车等多种方式，实现24h不间断的"点到点"、"门到门"服务。出租汽车驾驶员在运营中，需要注意确认乘客的目的地、用车时间等，做到不挑客、不拒载，为乘客出行提供更多的方便需求。

3 快捷的需求

出租汽车能为乘客提供快捷的服务，是人们选择出租汽车出行的原因之一。出租汽车的快捷性是指在保证运营安全的前提下，尽可能地提高乘客的送达速度，缩短乘车时间。出租汽车驾驶员在运营中，要熟悉城市道路交通路线与交通状况，及时了解道路交通信息，科学合理规划行驶线路，尽量避开红绿灯多和拥堵的路段，做到不绕道、少绕道，既省时又经济，满足乘客快捷出行的需求。

师傅，您真是活地图啊！

谢谢，这是我应具备的基本功。

4 舒适的需求

乘坐的舒适感是乘客评价出租汽车服务质量好坏的重要标准。出租汽车的整洁度、室内温度、设备配置等都影响着乘客的舒适需求。出租汽车驾驶员要保持车内外干净整洁，车内无异味、杂物，设施设备完好，并及时根据乘客需求调整车内的温度、播放的音乐等，营造舒适的氛围，满足乘客舒适出行的需求。

干净整洁的内饰环境能使乘客更舒心。

5 尊重的需求

出租汽车乘客作为消费者，心里都渴望得到尊重。出租汽车驾驶员对乘客的尊重，是优质服务的基本理念，也是与乘客建立良好关系的基石。出租汽车驾驶员尊重乘客，也就是尊重自己的职业。尊重既能满足乘客的心理需求，提升乘客愉悦的感受，又能展示自身价值。出租汽车驾驶员规范的仪容仪表、规范使用文明礼貌用语、与乘客的积极沟通的态度，以及尊重乘客隐私、按规收费、诚信经营等，都是满足乘客尊重需求的重要内容。

三 服务规范

随着我国经济社会的发展，特别是城镇化带来的城市规模扩大与人口数量激增，产生了旺盛的运输服务需求，对出租汽车行业服务质量和服务水平提出了更高要求。加强标准建设，对于规范出租汽车运营服务，创新运营服务方式，优化服务组织，提升行业服务形象，具有重要意义。

1 1个国家标准

2013年10月，交通运输部组织修订并提请国家质检总局、国家标准化管理委员会联合发布了《出租汽车运营服务规范》（GB/T 22485—2013），对出租汽车驾驶员的服务要求、安全运营作出了细致的规定，体现了对出租汽车运营服务的全过程、标准化、规范化的服务要求，旨在为人民群众提供安全、便捷、舒适、可靠的出行服务。涉及与出租汽车驾驶员相关的核心内容包括运输车辆、服务人员要求、服务流程、电召服务特别要求、运输安全等，有关内容在本书相关章节进行了详细说明。

2 2个行业标准

2016年10月，为落实《关于深化改革推进出租汽车行业健康发展的指导意见》《网络预约出租汽车经营服务管理暂行办法》和《巡游出租汽车经营服务管理规定》，交通运输部发布了《巡游出租汽车运营服务规范》（JT/T 1069—2016）、《网络预约出租汽车运营服务规范》（JT/T 1068—2016）两个行业标准，在国家标准统一规定的基础上，分别规定了巡游车和网约车经营者、服务人员、运输车辆、运营服务及服务评价与投诉处理等方面的要求，有关内容在本书相关章节进行了详细说明。

出租汽车驾驶员从业资格考试全国公共科目培训教材（第二版）

模块二　服务流程

一　巡游出租汽车服务流程

巡游车服务流程，也就是巡游车驾驶员在运营过程中需要遵循的规范步骤，巡游车服务可以分为运营准备、运营服务、交接班和暂停运营4部分。

1 运营准备

核心内容为"五检一调整"，具体指：

（1）检查车容车貌。

（2）对车辆进行安全检视。检查车辆技术状况，如计程计价设备、车载卫星定位装置是否正常等，并备好随车设施、工具。

（3）检查运营证件。检查证件和票据等，主要是运营所必备的各种证件，包括机动车驾驶证、行驶证、道路运输证、从业资格证、服务监督卡（牌）等。

（4）检查服务仪容。

（5）检查运营所需物资。主要包括电池电量、燃油或燃气，备足运营所需零钞，带好运营中需要的饮用水、食品等。

马达一响，集中思想。

快没油了，加满油再上路运营吧。

（6）调整心态。主要包括舒缓情绪，精神饱满，对与运营服务无关的情绪进行管理，将注意力集中到即将展开的运营服务中去。

2 运营服务

运营服务从乘客叫车到付费下车，可以分为4个阶段：

第一阶段：乘客上车前，是服务的初始阶段。

出租汽车驾驶员看到路边有乘客扬手招车，要在判断该地点可以停车后，减速缓行，开启右转向灯，在乘客附近方便上车的地点，将车辆与道路平行靠右停靠，并引导乘客由右侧上车。禁止在禁停路段停靠。若乘客在禁停区扬手招车，可示意乘客到附近允许停车的位置上车，在即停即走路段要注意乘客安全。

应引导乘客由右侧上车。

您好，请上车。

乘客上车前，不得有询问乘客目的地等挑客行为。

不得有挑客行为。

上哪儿啊?

出租汽车驾驶员在征得乘客同意后,可为乘客提供必要帮助。乘客携带行李时,应主动协助其将行李放入行李舱内。行李舱应由驾驶员开启和锁闭。应主动协助老、幼、病、残、孕等乘客上下车。

您好,我帮您放行李好吗?

出租汽车进入服务站点载客时,应按序排队、顺序发车,驾驶员不得下车私自揽客、雇人揽客,不挑乘客、不强行拼客,并服从站点管理人员调派与管理。

文明排队,服从指挥。

第二阶段:乘客上车后,面对面服务的开始。

乘客上车后,出租汽车驾驶员应面向乘客主动问候,并询问乘客的目的地,最好

能重复乘客所说的目的地,以便确认。如果乘客提出行驶路线,则按乘客要求的路线行驶;对路线不熟悉的乘客,驾驶员要选择合理路线,并向乘客提出建议,在乘客同意后按该路线行驶。

去×××(目的地)。

您好,请问您要去哪里?

去×××(目的地),走×××(路线)好吗?

起步前,驾驶员应检查车门是否关好,提示乘客系好安全带(无障碍出租汽车为使用轮椅乘客提供服务时,将轮椅固定,并协助乘客系好安全带)。然后,平稳起动车辆,并按下计价器或启动计价设备。严禁乘客携带易燃、易爆、有毒等违禁物品乘车。

好的。

请您系好安全带。

第三阶段:载客行驶途中,为服务时间最长的阶段。

出租汽车驾驶员要以尽量满足乘客合理要求为主要服务目标,避免乘客产生抱怨情绪。在回答乘客询问时,使用文明用语、耐心细致、保持微笑服务,注意安全、平稳行驶。根据乘客意愿升降车窗玻璃、使用空调、收音机、CD、对讲机等车内设备。

运营服务全程不得拒载、绕路、甩客、挑客,不得议价(包车服务和当地出租汽车行政主管部门制定的其他规定除外)。

到目的地给200元怎么样？

途中需加收空驶费、过路过桥费以及其他应由乘客承担的费用时，应向乘客事先说明。如遇乘客包车到外地，驾驶员在出车前应与乘客按当地出租汽车价格管理规定协商好运价，并按规定办理验证登记手续。

因阻塞、封路等原因需要改变行车路线时，需向乘客说明，征求乘客意见。因驾驶员自身原因造成车辆停驶或遇管理部门检查时，计价器应暂停计费。遇到复杂路况应提醒乘客扶好坐稳。为行车安全采取紧急措施后，要及时向乘客表示关切、问候。

公安 POLICE

登记

按规定，出市境要办理相关手续。

好的，没问题。

嗯，好吧。

前面堵车了，我们换条路线能快些，您看行吗？

运营中，驾驶员要严格遵守交通法规。驾驶员不得吸烟、接打手持电话、用车载电台聊天、向车外吐痰、乱扔废弃物。同时，要劝阻和制止乘客车内吸烟、将头手伸出窗外、乱扔废弃物等违反乘车规则的行为。未经乘客同意，不得招揽他人同乘。

第四阶段：到达目的地，服务的最后阶段。

出租汽车驾驶员应正确使用计程计价设备。到达目的地前，驾驶员要提醒乘客做好下车准备。到达目的地时，按乘客要求在允许停车地段就近停车，减速靠右安全停车，

乘客要求停车等候时，如无预约或其他事情，不应拒绝。可先收取前段车费，按约定的时间和地点耐心等候，并告之乘客车辆的停放地点、车牌号牌、联系方式等服务信息，未到预定时间不得擅自离开。

未到约定时间，怎么能擅自离开呢？

喂！还没到时间呢，你怎么走了！

不等了，还是先走吧。

未经乘客同意，怎么能招揽他人同乘呢？

我还没有同意呢！

上来吧。

我去电脑城。

终止计程计价设备计费。当乘客要求在禁停路段下车时，要从保护乘客安全角度，心平气和地向乘客提出下车站点提前或后推的建议。如果乘客坚持要在禁停路段下车时，请求附近交警协助解决。

谢谢，您想得真周到。

刚才那里有积水，给您停这里吧。

与乘客结算车资时，应按按计程计价设备显示的金额收费。具体收费可以按"一停、二讲、三唱、四交、五谢"的步骤进行。一停，停止计价表工作。二讲，讲出车费金额，涉及路桥通行费等其他费用的，应讲清收费项目和标准并向乘客交付票据。三唱，唱收唱付车费。四交，把找赎零钱和车票直接交给乘客，找赎时，有零找零，无零让零。乘客对找零钞票提出更换要求时，应予满足。五谢，向乘客道谢。装有刷卡设备或其他支付功能的，应接受乘客刷卡付费或其他形式的支付要求。

这张钞票太旧了，给我换一张吧。

好的。

驾驶员在乘客下车时应转头巡视车厢，

提醒乘客带好随身物品，确保乘客无物品遗留。乘客下车时，提醒乘客开车门时注意安全，从右边下车，并提醒乘客携带好随身物品。主动协助乘客提取行李，遇有大件行李的乘客，驾驶员要主动下车，帮助乘客提拿行李，并礼貌道别。

请拿好您的行李，欢迎您再次乘坐。

运营结束后，驾驶员要仔细检视车内，做到一客一检。及时处理遗留物品，如发现乘客遗留物品，应设法及时归还失主。驾驶员应主动与乘客联系，无法联系乘客的，及时上交企业或有关管理部门，不得趁机敲诈乘客或索要酬金。载客完毕后，将空车待租标志灯竖起，计价器计费金额清零，处理好车内垃圾。收车后或交接班时，要对车辆进行日常检查，保持车况良好。

3 其他注意事项

（1）因交接班、车辆故障、驾驶员用餐或休息等原因不能提供巡游车运营服务时，应使用暂停运营标志。

（2）乘客要求去偏远、冷僻地区或者夜间要求驶出省、市、县境时，应按规定办理验证登记手续。

（3）出租汽车驾驶员不得将对自己服务不满意的乘客转给其他出租汽车或中止服务。

（4）遇下列情形，驾驶员可拒绝提供运营服务：

①乘客在禁止停车的路段扬手招车；

遇乘客在禁止停车的路段扬手招车的，可拒绝提供服务。

②乘客要求去偏远、冷僻地区或者夜间驶出省、市、县境而不按规定办理验证登记手续；

遇乘客目的地特殊，而不按规定办理登记或相关手续的，可拒绝提供服务。

我赶时间，咱们就别办出市境手续了。

TAXI

③携带易燃、易爆、有毒有害、放射性、传染性等违禁物品乘车；

遇乘客携带违禁物品乘车的，可拒绝提供服务。

④醉酒者、精神病患者等在无人陪同或监护下乘车。

遇醉酒者、精神病患者等在无人陪同或监护下乘车的，可拒绝提供服务。

二 巡游出租汽车电召服务

巡游车电召服务是指根据乘客通过电信、互联网等方式提出的服务需求，按照约定时间和地点提供巡游车运营服务。

哦，离我最近。

TAXI

1 巡游出租车电召服务要求

（1）宜提供24h不间断信息服务；

（2）通过电信方式开展电召服务的，宜使用95128出租汽车约车服务号码；

（3）应及时发布乘客服务需求信息，驾驶员可根据自身情况确定是否提供相应服务；

（4）收取电召服务费应符合当地出租汽车运价管理相关规定；

（5）电召服务信息应进行全程记录，并根据当地出租汽车行政主管部门的具体要求提供电召服务信息；

（6）在机场、火车站等设立统一出租汽车调度服务站点或实行排队候客的场所，驾驶员应服从调度指挥，按顺序排队候客，不得通过电召方式在排队候客区揽客。

2 电召服务流程

（1）电召服务人员接到乘客预约后，应按照乘客需求及时调派出租汽车。

（2）巡游车驾驶员接受电召任务后，应向电召服务调度中心发出承接信息，与电召乘客确定信息。承接电召业务后，未经电召服务调度中心同意擅自取消运输服务的，均属违规、违约行为。

（3）巡游车驾驶员接受电召任务后，应按照规定开启电召服务标志或暂停运营标志，前往预约乘车地点。

（4）巡游车驾驶员应按照约定时间到达约定地点。如确实无法按时到达乘客约定地点，驾驶员要提前与乘客联系确认解决。乘客未按约定候车时，驾驶员应当与乘客或者电召服务人员联系确认。

（5）乘客上车后，驾驶员应当向电召服务人员发送乘客上车确认信息，并核对乘客个人识别信息，避免错载他人。

（6）巡游车驾驶员要严格执行电召收费标准和出租汽车运价标准，在完成电召服务后向乘客收取费用。

（7）巡游车驾驶员发现乘客遗失在车辆内的物品，应及时联系失主并报备电召服务调度中心，主动配合送还乘客或送回所在的出租汽车公司做好登记。

三 网络预约出租汽车服务流程

网约车运营服务是指以互联网技术为依托构建服务平台，整合供需信息，使用符合条件的车辆和驾驶员，提供非巡游的预约出租汽车服务的经营活动。

网约车驾驶员的行车安全及运营服务应符合的相关要求，同时应按照高品质服务、差异化经营的定位，注重以下服务流程：

（1）运营准备时，除了对车辆设施设备的例行检查，还要注意对车辆备品的检查：如互联网无线接入、手机充电器、纸巾、雨伞等。

（2）网约车驾驶员应在允许停车地点等候订单，不应巡游揽客、站点候客。

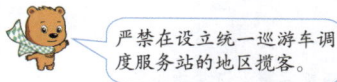

收到订单信息后，经营者采用派单机制

的，应通过驾驶员终端确认接单；采用抢单机制的，可根据自身情况应答接单。

（3）约车成功后，驾驶员应主动与约车人或乘客确认上车时间、地点等信息。对于即时用车服务，还应告知自身位置及预计到达时间，不应以不认路或其他理由要求乘客取消订单。

先生，您是10时从××酒店出发吗？

（4）驾驶员根据订单信息，按约定时间到达上车地点，在允许停车路段候客，主动与乘客联系，双方确认身份。未到约定上车地点时，不应提前确认车辆已到达。

（5）乘客上车后，驾驶员向经营者发送乘客上车确认信息，并提示乘客可使用客户端应用程序中的车辆位置信息实时分享功能。

（6）运营过程中，驾驶员应根据网络服务平台规划线路或乘客意愿选择合理路线，不得故意绕路，不得中途甩客。

中途甩客是不负责任的表现。

你们换别的车继续走吧。

（7）乘客下车时，驾驶员应提醒乘客可使用客户端等通过匿名打分和意见反馈等方式对本次服务行为进行评价。

（8）运营服务中，驾驶员应注重安全驾驶，不使用会使客人产生不适感的驾驶方式，提倡优质服务，如为乘客上下车开车门，使用GPS导航时佩戴蓝牙耳机避免打扰乘客等。

（9）运营服务中，驾驶员接单为拼车订单的，应向乘客事先说明网约车经营者制定的合乘送客先后次序等事项。

（10）特殊情况的处理：

①车辆不能按时到达约定地点时，驾驶员应提前联系网约车经营者，经营者应致电约车人或乘客表示歉意并说明情况，提供相应解决方案。

好的，谢谢。

抱歉先生，由于路况限制，您预约的驾驶员无法按时到达预约地点，请您稍等片刻或改乘其他交通工具，不好意思。

②遇道路、气候、驾驶员身体、交通事故、车辆故障等特殊情况不能完成订单的，驾驶员应及时向经营者说明原因，并向乘客说明。

③乘客未按约定到达上车地点时，驾驶员应与乘客或经营者联系确认等候时间，超出约定等候时间乘客依然未到达的，应与经营者联系，经同意后方可离去。

④发现乘客遗失财物，应主动联系约车人或乘客，设法及时归还。无法联系的，应及时联系经营者或有关部门处理。

小知识

遇有携带有违禁物品的乘客时怎么办？

遇乘客携带违禁物品需要乘车时，出租汽车驾驶员可以采取以下措施：

（1）劝阻乘客不要上车。

（2）必要时可以报警，请警方协助解决。

（3）发现乘客遗留车上的危险物品，应立即组织乘客撤离车辆。

> 110吗？我的车上有一包可疑物品。

模块三 车辆服务要求

一 出租汽车车容车貌要求

出租汽车车容车貌直接反映出租汽车驾驶员修养和服务质量，间接反映城市的文明程度和形象。

出租汽车的车容车貌应做到以下标准：

（1）车身内外整洁明亮，无破损。

①车身内外清洁完好，漆皮、外饰条完好无损；

②座椅牢固无塌陷，前排座椅可前后移动，倾度可调；

③脚垫整洁、平整无破损；

④按规定张贴和涂装广告，不遮挡车辆牌照和服务标志，不脱落，无污损。

（2）车辆牌照字迹清晰，固定端正，无遮挡物、反光物。

（3）车辆设备完好齐全，功能完备。

①车前后内外照明灯齐全，干净明亮，功能完备；轮胎盖、雨刷、喇叭齐全，完好整洁；

②车门开闭自如（左后门除外），车窗玻璃齐全，洁净、透亮，无破损、无遮蔽

物，升降滑动功能有效；

③仪表完好、整洁，仪表台、后座隔板不放置与运营无关的物品；

④遮阳板、化妆镜、顶棚、后风挡窗台齐全完好洁净；

⑤行李舱整洁，照明有效，开启装置完好，行李舱内可供乘客放置行李物品的空间不少于行李舱的2/3；

⑥安全带和锁扣齐全、有效、无污渍；

⑦车厢视频广告可按乘客意愿开关，音量可控。

> 我的行李放在哪呀？

（4）车辆整洁卫生。

① 车厢内整洁、卫生，无杂物、异味；

② 座套、头枕套齐全，洁净平整无破损。

（5）无障碍出租汽车应保证有充足空间安放轮椅。

二 巡游出租汽车车辆要求

1 基本要求

（1）车辆的技术条件、维护、检测、诊断、污染物排放限值和车辆内饰材料等基本要求，以及车容车貌应符合《出租汽车运营服务规范》（GB/T 22485—2013）的相关要求。

（2）车辆应按规定配置顶灯、运营状态标志、计程计价设备以及具有行驶记录功能的车载卫星定位装置、安全防范设施和消防器材等。

2 专用设施要求

（1）顶灯应与运营状态标志联动，夜间应有照明，顶灯应有中英文"出租汽车"字样。

（2）计程计价设备安装位置应方便乘客查看，数字显示清晰，发票打印清晰准确，计量性能应符合《出租汽车计价器检定规程》（JJG 517—2016）的规定。

（3）安全防范设施应具备防劫防盗、应急报警等功能，应急报警装置宜实现与车载卫星定位系统联动。

（4）刷卡消费设备功能正常、有效；宜推广使用符合金融标准的非现金支付方式。

3 服务标志要求

（1）车身颜色及喷涂式样应符合当地出租汽车行政主管部门规定。

（2）运营状态标志应大小适宜、显示明亮、字迹清楚，易于乘客识别。

（3）出租汽车经营者名称或简称、价格标准、服务监督电话和乘客须知信息等应在车厢内外显著位置明示。

（4）《巡游出租汽车运输证》、《巡游出租汽车驾驶员证》、服务监督卡（牌）等按规定要求携带、摆放。

（5）设有符合规定的空车待租标志、暂停运营标志、电召服务标志。

（6）车辆年检审验合格证、环保标志等按规定粘贴。

（7）无障碍出租汽车应设有专用标志。

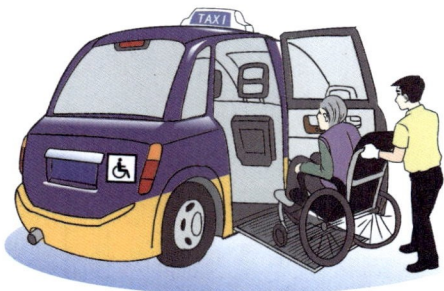

三 网络预约出租汽车车辆要求

（1）车辆的技术条件、车辆维护、检测、诊断、污染物排放限值和车辆内饰材料，以及车容车貌应符合《出租汽车运营服务规范》（GB/T 22485—2013）的相关要求。

（2）车内设施配置及车辆性能指标应体现高品质服务、差异化经营的定位，宜提供互联网无线接入、手机充电器、纸巾、雨伞等供乘客使用。

路运输车辆卫星定位装置车载终端技术要求》（JT/T 794—2011）。

（4）不应在车内悬挂或者放置影响行车安全的设施设备。

（5）车辆标志应符合服务所在地出租汽车行政主管部门的规定。

（6）车辆轴距、排量、车龄等要求应符合所在地方政府管理部门的规定。

（3）应安装应急报警装置和具有行驶记录功能的车辆卫星定位装置，宜符合《道

模块四　驾驶员服务要求

一　出租汽车驾驶员服务形象

（1）精神饱满、端庄大方、举止文明、礼貌待客。

（2）按规定着装，正确佩戴服务标志，配饰得体、衣着整洁无破损。

驾驶员应按规定着装，保持良好形象。

（3）上岗前，面部应修饰洁净、自然，需化妆时要淡雅适度。

（4）发型应梳理整齐，修饰大方，风格庄重，并经常清洗。

（5）勤洗澡更衣，手、脚保持洁净，指甲修剪得体。

（6）运营前、运营过程中忌食有异味、有碍服务的食物，保持口气清新。

还是别吃大蒜了，以免口中有异味影响乘客。

出租汽车驾驶员必须按规定着工作装，正确佩戴服务标志。服务标志可以表明自身身份，增加乘客安全感，接受乘客监督，提升职业荣誉感。

二　出租汽车驾驶员服务用语和言行举止

出租汽车驾驶员服务时应语气平和、表达清楚、声量适度、语速适中。不得在乘客面前有不文明行为和语言。具体要求有：

（1）使用普通话，并可以根据服务对象，使用地方方言或常用外语。

（2）服务用语应规范准确，文明礼貌（表3-1）。采用"您好"、"请"、"谢谢"、"对不起"、"再见"等文明服务用语时，应做到语气和蔼、声量适度、语速适中。

出租汽车驾驶员服务用语　　　　　　　　　表3-1

序号	中　文	英　文
1	欢迎来××！	Welcome to ××!
2	早上好！	Good morning!
3	下午好！	Good afternoon!
4	晚上好！	Good evening!
5	您好，请上车。	Hello, please get in the car.
6	很高兴为您服务。	It's my pleasure to serve for you.
7	请问您去哪儿？	Where are you going, Sir/Ms.?
8	请系好安全带。	Please fasten your seat belt.
9	您需要打开空调吗？	Would you like the air-conditioning on?
10	您需要打开音响吗？	Would you like to turn on the radio?
11	请问您需要帮忙吗？	Can I help you?
12	您需要等候吗？	Do I need to wait for you?
13	请记住我的车牌号。	Please remember my plate number.
14	我在这里（那里）停车等您。	I will stay here/there to wait for you.
15	请不要在车内吸烟	Please don't smoke in the car.
16	对不起，这里不允许停车。	Sorry, no parking is allowed here.
17	您的目的地到了。	Here we are.
18	请按计价器显示的金额付费。	Please pay by the taximeter.
19	这是找给您的零钱。	Here is your change.
20	请拿好发票。	Keep the receipt, please.
21	请带齐您的行李。	Don't forget to take your luggage, please!
22	请拿好自己的随身物品。	Please take all your belongings.
23	这是我应该做的。	It's my pleasure.
24	欢迎再次乘坐。	You are welcome to take my taxi next time.
25	欢迎您多提意见。	Your comments are always welcome.
26	谢谢，再见。	Thank you, good-bye.

（3）举止得体，不在乘客面前抓耳挖鼻、剔牙搔头，不得吸烟、饮食，不得向车外抛物、吐痰，不接打电话。

在乘客面前的行为举止要文明。

呃！真不文明！

（4）主动回答乘客的问题，耐心、热情；与乘客交流应适度，内容要健康文明，不传播虚假信息和不文明内容；乘客之间交流时，驾驶员不要随意插话；尊重乘客，不要说乘客禁忌的事。

乘客之间交谈时不要随便插话。

她们俩聊得真热闹，但我不能随便插话。

（5）遇乘客对服务不满时，应虚心听取乘客的批评意见；遭到乘客误解时，要心平气和，耐心解释，不应责备乘客。如双方不能协商解决时，应请出租汽车经营者或管理部门调解。

三 网络预约出租汽车驾驶员常用服务用语

（1）先生/女士，您好！我是××（网约车经营者）的×师傅，很高兴为您服务！

（2）先生/女士，跟您确认一下，您是要去××吗？您的上车地点是××，在××路上，对吗？

（3）好的，我大约×min后到达，稍后再与您联系。

（4）×先生/女士，您好！我是您的专车司机××师傅。我已到达××地点，附近有（附近地标），我的车牌号为×（颜色+车型）。

（5）那我们走××可以吗（驾驶员熟悉路线）？/我们按导航走可以吗（驾驶员不熟悉路线）？或者您有其他的路线？

（6）（确认路线后）好的，开始为您服务。

（7）车上有Wi-Fi、手机充电器及纸巾，可以免费使用。Wi-Fi名称是××，密码是×××。

（8）请问车内的空调温度可以吗？

应根据乘客意愿提供相关服务。

好的。

师傅，空调关小一点好吗？

（9）您好，我们快要到达××了。请问您的具体下车地点是××？

（10）请带好随身物品，账单稍后会发送到您手机。

（11）（有行李）这是您的×件行李，请核对。感谢您使用"××专车"，请稍后对我的服务做出评价，祝您生活愉快！

出租汽车驾驶员从业资格考试全国公共科目培训教材（第二版）

模块五　服务技巧和服务禁忌

随着乘客对出租汽车服务的要求越来越高，出租汽车驾驶员需要不断认识服务，理解服务，掌握服务技巧和服务禁忌，在服务过程中更好地觉察和满足乘客的需求，把服务做到更好。

一　服务沟通技巧

出租汽车服务是做乘客服务的工作。驾驶员只有通过充分的沟通才能真正了解乘客需求，在这个过程中，沟通的技巧非常重要。沟通的过程就是出租汽车驾驶员通过运用语言、文字或一些特定的非语言行为（指外表、面部表情、肢体动作等）将信息传送给乘客，并期望得到乘客做出相应反应的过程。驾驶员与乘客的沟通既要传达信息也要传达情感。

1 眼看脸笑

出租汽车驾驶员与乘客的视线接触是尊重乘客的第一表现。微笑是全世界通用的语言，真诚的微笑代表着对乘客的欢迎和接纳。乘客上车时，出租汽车驾驶员要与乘客有眼神接触，面带微笑地使用"您好，欢迎您乘坐我的车"、"您好，请问您去哪儿"等用语，将尊重和友善传递给乘客，奠定乘客满意的服务基础。对着前风窗玻璃或者转向盘问候而不与乘客进行眼神接触，都会给乘客流于形式的感觉。

出租汽车驾驶员与乘客交谈时，如需要与乘客目光接触，要将目光投射在乘客脸部，特别是异性间，看脖子以下部位是有失礼貌的。同时注意不要不停眨眼，不要眼神飘忽，不要怒目圆睁，不要目光呆滞，更不要盯住对方或逼视、斜视、瞟视，这都会使对方产生不信任感。运营途中需要交谈时，要注意路况，尽量不要与乘客进行目光接触，确保行车安全。

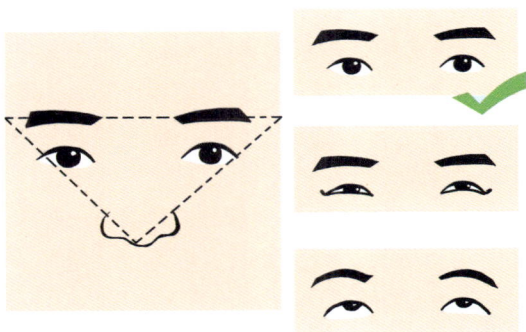

微笑是出租汽车驾驶员与乘客之间最好的"润滑剂"，以亲切、适度的微笑为宜，而发自内心的微笑是最能打动人的微笑。出租汽车驾驶员要保持乐观积极的心态，认识到微笑的重要作用，让微笑常在。同时，在运营过程中，难免会遇到出言不逊、胡搅蛮缠的乘客，一定要谨记"忍一时风平浪静，退一步海阔天空"，一笑化之。

2 善于倾听

出租汽车驾驶员在与乘客沟通的过程中，很多时候听比说更加重要。只有倾听才能了解乘客的真实意图，给乘客受到尊重的感觉。驾驶员要掌握倾听的技巧，听话要精神专注，用心思考，认真对待。驾驶员在与乘客沟通时注意下几个方面：

（1）面带微笑，用友好的目光关注乘客，思想集中，表情专注。

（2）认真听取乘客的陈述，随时察觉对方的服务需求，表示对乘客的尊重。

（3）无论乘客说出来的话语气多么严厉或不近人情，甚至粗暴，都要耐心、友善、认真地听取，表示对乘客的诚意。

我对你的服务很不满意！

虽然被这位乘客误解了，但我仍然要保持心平气和，耐心解释。

（4）即使与乘客意见不同，也不能在表情和举止上流露出反感、藐视之意，只能婉转地表达自己的看法，而不能直接提出否定的意见。

（5）听乘客说话时要根据内容作一些反应，可边微笑边点头地听，也可说"是"、"嗯"、"好的"等，表明在用心听。

（6）倾听中不要任意插话、辩解、打断乘客的说话。

3 积极应答

在运营服务中乘客主动说话时，出租汽车驾驶员要积极应答。积极应答首先表达的是对乘客的关注和尊重，是响应乘客需求的

表现。充耳不闻、沉默无语、应答滞后等都会给乘客带来不愉快的感受，埋下服务冲突的隐患。

出租汽车驾驶员应答的技巧非常重要，应答时先用"是的"、"好的"对乘客的问询表示回应，再根据乘客所问的具体问题进行回应，回应时实事求是，避免夸张和不真实。遇到确实回答不了的问题，可以有礼貌地道歉。

4 交谈有度

出租汽车驾驶员在与乘客交谈时，要有所顾忌，不可信口开河、没有约束、没有禁区，要注意以下谈话忌讳：

（1）忌语言粗俗、流气、不文明。要提高自己的道德水平，使用文雅而庄重的语言。

在乘客面前要使用文明语言。

说话怎么这么不文明！

%#￥！@#*&……

TAXI

（2）忌问个人隐私。不追问乘客不愿回答的其他私人生活的问题，如收入、年龄、财产、履历、婚姻状况、衣饰价格等。

（3）忌揭人短处。避免涉及乘客的"敏感区"，不谈论他人过失、残疾、生理缺陷、隐痛等，以免引起伤感及不愉快。

（4）忌背后议论别人。要杜绝背后对他人说长道短、搬弄是非，抱怨指责或传播小道消息。

（5）忌出言不逊。避免炫耀自己，贬低别人。

（6）忌谈宗教、政治等敏感话题。对外

国友人要注意对方的文化禁忌。

5 以客为先

出租汽车服务是提供给乘客的服务，乘客是出租汽车运营服务的核心要素。一切为了乘客，一切围绕乘客，一切服务乘客，是每一个出租汽车驾驶员应该具备的服务理念。在与乘客沟通的过程中也应该贯穿这一理念，把尊重留给乘客，把认同留给乘客，把关爱留给乘客。

二 服务禁忌

在日常的运营中，出租汽车驾驶员不可避免地会遇到各行各业、不同民族、不同国籍的乘客。驾驶员要懂得服务禁忌，谨言慎行，以最灵活的方式，避免投诉，完美地服务每一位乘客。

1 语言禁忌

语言作为人类交流的载体，语言交流的每一句话都蕴含着一定的情感。人们通过语言交流思想，传递信息，达到彼此之间的了解。日常生活中，人们通常相信语言具有某种魔力，但有些语言是不能提及或者需要避讳的，如称呼的禁忌、凶祸词语禁忌、破财词语禁忌、亵渎词语禁忌等。在运营时，出租汽车驾驶员要接待每一位乘客，不可避免地要进行语言交流。在语言交流中，要根据乘客的特点，文明用语、谨慎对话，不说废话、脏话，不使用禁忌语言，避免因语言交流不当引起乘客的误解。

2 数字禁忌

数字是人们在日常生活的言语交际中经常使用的文字，数字在运用过程中，被人类赋予了善恶之别和吉凶之分。人们常把傻瓜、说话不正经、处事随便、好出洋相的人叫做"二百五"、"二杆子"、"半吊子"。对举止轻浮、疯癫不羁的女性叫做"八婆"、"三八"等。这些带有数字的"骂词"，在民间流传，也是人们非常忌讳的词语。西方人普遍认为"13"这个数字是凶险的，对"星期五"也认为是不吉利的。

在运营中，出租汽车驾驶员会遇到不同国家、不同民族、不同性别、不同性格的乘客，谈话时要注意避开不吉利的数字，不用带数字的忌讳词汇，避免与乘客出现不愉快的交流，陷于尴尬的局面。

3 手势禁忌

在不同国家、不同地区、不同民族，由于文化习俗的不同，手势的表意也有很多差别，甚至同一手势表达的含义也不相同。只有合乎规范地运用手势，避免有歧义的手势，才不至于无事生非。出租汽车驾驶员在与乘客交谈中，忌用除大拇指以外的任何一个指头指向乘客，否则容易产生侮辱、歧视、敌意的误解。即便是需要指示方向时也禁忌使用单个手指。驾驶员在和乘客交谈时，要考虑的不同民族对手势的理解，讲到自己的时候不要用手指自己的鼻尖，要用手掌按在自己的胸口部位，尽量使用不同国家、民族都能接受的手势进行交流。

4 行为禁忌

出租汽车驾驶员在服务乘客时，遇到一些服饰、打扮或相貌奇特的乘客时，不能盯视对方，更不可一直盯视乘客的某一身体部位。过分的盯视会让乘客感到很尴尬，也是不尊重对方的一种表现。乘客是异性时，不要收听或谈论一些有关性方面的广播或话题，否则会使乘客反感或尴尬。

出租汽车驾驶员遇到乘客问话后，不做回答反而反问一句，这在服务中是绝对禁止的。因为这样的反问明显带有蔑视对方的口气，使乘客感到难堪，甚至被激怒。当乘客问你一个问题，你"不知道"时，友好的回答是"抱歉，您这个问题我实在回答不了"，而不能生硬的说"不知道"。

出租汽车在停车等待时，驾驶员抖动双腿也是一种很不雅观的行为。由于双腿颤动不停，车子也会随之颤动，会使乘客觉得很不舒服，要避免此种行为。

5 民族、地域禁忌

世界上各个国家、各个民族，不论其信

仰如何，都有自己独特的习俗礼仪和各自的禁忌，应该得到尊重。要注意：不宜询问涉及个人隐私的问题，如年龄、婚姻、履历、收入以及宗教信仰和政治见解等；服饰的价格、汽车的型号、住宅的大小等问题都不宜触及；有些西方人对自己的衣物及行装有随意放置的习惯，但忌讳别人乱动；西方的老人忌讳由别人搀扶着，他们认为这有失体面，是受轻视的表现。

三 服务中的不文明行为

出租汽车驾驶员在运营中，要严格遵守运营有关规定，杜绝违法违规和不文明行为，做到守法经营，依法收费，安全驾驶，文明服务。驾驶员除主动杜绝《出租汽车经营服务管理规定》《出租汽车驾驶员从业资格管理规定》等规定的违规行为外，还应杜绝以下行为：

（1）在车内吸烟，食用有异味的食物。

（2）不提供出租汽车发票或者提供的发票字迹不清。

（3）合乘（经乘客同意拼客）不按规定减收车费。

（4）运营中，不尊重不同国家、地区和民族的宗教信仰。

（5）车上载有乘客时到加油（气）站补充燃料。

（6）乘客之间交谈时随意插话，传播、听信谣言。

（7）行车时接打电话，在车内吃零食，向车外抛物、吐痰，在乘客面前挖鼻孔、掏耳朵、剔牙等。

（8）等候乘客时鸣笛催促。

（9）翻看或藏匿乘客放在车上的物品。

（10）目光紧盯乘客或目光停留乘客时间过长。

（11）向乘客强行或者盲目推销购物、饮食和休闲娱乐等项目。

（12）抢客、强行揽客。

四 服务特殊情况处理

在出租汽车运营服务中，妥善处理特殊情况，是保障服务质量的重要环节。

1 暂停运营情况

（1）因交接班、车辆故障、驾驶员用餐或休息等原因不能提供出租汽车运营服务时，使用暂停运营标志。

（2）出租汽车运营途中，车辆发生故障时，驾驶员要向乘客说明原因，请乘客等候，同时暂停计费，及时排除故障。如故障一时不能排除，要对乘客表示歉意，并协助乘客换乘其他车辆，免收或少收车费。

先生，对不起，车出故障了，我先把计价器关停。

（3）出租汽车在空载状态下，计价器发生故障时，应送检报修，不得继续运营。出租汽车运营途中，计价器发生故障，驾驶员要立即向乘客说明情况，表示歉意，由乘客选择是否继续乘坐。若乘客不愿继续乘坐，则收取起步价或不收乘客费用，在乘客下车后立即送检报修。

2 乘客不满意服务

乘客对服务不满意时，应虚心听取批评意见。被乘客误解时，应心平气和，耐心解释。

3 发现乘客遗忘物品

发现乘客遗忘在车内的财物，要设法及时归还失主；无法找到失主的，及时上交出租汽车企业或有关部门处理，不得私自留存。发现危险物品，立即组织乘客撤离车辆，并迅速报警。

好的，请放心，我们会妥善处理的。

有位乘客的包落在我车里了。

XX出租汽车公司

4 与乘客交流语言不通

遇到与乘客交流语言不通时，可尝试通过书面形式交流，可向所在公司、出租汽车调度中心、打报警电话求助，帮助查询，耐心做好服务工作，尽最大努力将乘客安全送达目的地。

您是要去这个地方吗？

TAXI

5 遇醉酒的乘客

遇到醉酒的乘客时，要在乘客上车前确认乘客是否清醒，可拒载失去自控能力的醉酒乘客。如果驾驶员已经搭载上醉酒的乘客，遇乘客因醉酒等原因神志不清、无法明确去向且拒绝下车时，应尽可能帮助查询，如联系其亲友，拨打警方求助电话或将醉酒乘客送往附近的派出所。行车过程中提醒乘客勿将头、手臂等伸出窗外，尽量平稳

行车，乘客呕吐时及时靠边停车并提供垃圾袋。

能告诉我您家人的电话吗？

TAXI

6 乘客身体突然不适

在运营中，出租汽车驾驶员遇乘客身体不适时，应协助乘客拨打急救电话，视情况采取相应急救措施。搭载伤病乘客要尽可能满足乘客要求，遇公安机关交通管理部门要求协助抢救伤病时，应服从指挥调度。

您好，是急救中心吗？我这有位乘客生病了……

师傅，我身体不太舒服，您能帮我打个电话吗？

TAXI

7 特殊乘客的服务

（1）遇到孕妇乘车，在乘客上车时，车门尽量开大，避免挤碰；在征得同意的情况下，搀扶乘客上车；主动下车帮助乘客放置行李，平稳驾驶，关闭车窗，控制好车内温度。

（2）遇到老年乘客时，由于老年人可能行动缓慢、担心摔伤、担心物品遗失、希望上下车方便，驾驶员应平稳驾驶，避免紧急制动，与老人沟通时说话温和、使用敬语。主动下车帮助乘客提拿行李，征得本人同意搀扶乘客上下车。

您小心，我扶您下车！

（3）遇到聋哑人乘客时，可使用肢体交流，如通过表情和手势，让乘客感到友善；或用笔书写文字进行交流如通过书面形式确认乘客目的地；还可以学习表示欢迎、友好的常用哑语；切忌模仿对方的仪态缺陷等。

（4）接送盲人乘客要注意引导盲人坐好并收好拐杖；遇到残障乘客时，主动下车帮助其放置行李，征得对方同意后搀扶乘客上车，讲话要格外和气、亲切，做到有问必答；驾驶出租汽车接送重伤员或患病乘客，驾驶员要注意热心、耐心、细心，尽可能地提供力所能及的服务和帮助。

8 结算车费有疑问

出租汽车驾驶员在结算车费时，要严格按照计价器显示的金额收费，做到"有零找零，无零让零"；在乘客支付车费和找零，对钱币的真伪产生疑问时，可要求对方更换。

模块六 服务评价与投诉处理

出租汽车服务评价是保证服务质量的重要举措，服务评价结果可作为行业改进服务质量的重要依据，促进出租汽车行业健康持续发展。出租汽车经营者应按规定设置服务监督机构，公布服务监督电话等自觉接受社会监督。

一 巡游出租汽车服务评价

1 服务评价基本要求

（1）出租汽车驾驶员要保障服务质量统计数据和原始记录真实、准确，接受出租汽车行业管理部门的服务质量信誉考核。

（2）出租汽车驾驶员应自觉接受社会和经营者对服务的监督，合理应对乘客投诉。

2 服务评价指标

（1）车辆服务标志设置合格率，标志顶灯、计价器合格率，驾驶员从业资格证件拥有率，乘客投诉处理率均应达到100%。

（2）车辆卫星定位系统合格率、车容

车貌合格率、驾驶员仪容和行为举止合格率均应大于或等于95%。

（3）道路交通责任事故每万车公里小于0.05次，道路交通安全违法行为每万车公里小于0.2次，致人死亡且负同等以上责任的道路交通事故每百万车公里小于0.01人次，致人受伤且负同等以上责任的道路交通事故每百万车公里小于0.1人次。

（4）乘客有效投诉率小于百万分之二十，乘客满意率大于或等于80%。

二 网络预约出租汽车服务评价

1 服务评价基本要求

（1）经营者应保证订单日志、网上交易日志、行驶轨迹日志等原始记录以及乘客评价信息等服务质量统计数据和原始记录真实、准确。

（2）经营者应公开服务质量承诺，按规定设置服务监督与投诉处理机构，公布服务监督电话及其他投诉方式与处理流程。

出租汽车驾驶员从业资格考试全国公共科目培训教材（第二版）

（3）经营者宜通过第三方服务质量评价，不断改进服务。

我要投诉……

……我们将尽快处理，并在5日内告知您处理结果。

2 服务评价指标

（1）预约响应率100%；

（2）约车成功率不小于80%；

（3）车辆相符率100%；

（4）驾驶员相符率100%；

（5）营运车辆保险购买合格率100%；

（6）乘客有效投诉率小于百万分之二十；

（7）乘客投诉处理率100%；

（8）乘客服务评价不满意率小于20%；

（9）第三方调查乘客满意率不小于80%；

（10）车载卫星定位系统合格率、车容车貌合格率、致人死亡同等责任及以上交通事故次数、致人受伤同等责任及以上交通事故次数、交通责任事故次数、交通违法行为次数指标及计算方法应符合《出租汽车运营服务规范》（GB/T 22485—2013）的相关要求。

3 投诉处理

（1）约车人或乘客对服务质量、行车线路、用车费用等有疑问或不满的，可通过拨打经营者服务监督电话、出租汽车行政主管部门电话等方式进行咨询、投诉。

（2）对于出现骚扰、吸毒、超速等方面投诉的，经营者应暂停该驾驶员提供服务，认真调查核实。

（3）接到乘客咨询、投诉后，经营者应在24h内处理，5日内处理完毕，并将处理结果告知乘客。

三　处理服务纠纷

出租汽车服务纠纷，是指在运营过程中，由于驾驶员与乘客误解或一方语言、行为失当，导致另一方的利益或自尊受到损害，从而引起的意见分歧和冲突。出租汽车驾驶员与乘客发生矛盾或纠纷时，驾驶员要保持冷静，举止文明，要尊重乘客的意见和人格，宽容大度，得理让人，以理服人。出租汽车驾驶员因个人过失遇乘客投诉后，应正视现实，承认错误，认真做好善后事宜，接受经营者的批评、教育和处理。

1 常见服务纠纷

根据纠纷性质及造成后果的严重程度、一般有严重服务纠纷（也可称为恶性服务事故）和轻微服务纠纷两种。两者的关系是互为转化的，处理恰当可以大事化小，小事化了，反之，矛盾恶化，越演越烈。

严重服务纠纷常见的有：

（1）殴打乘客。驾驶员情绪失控，一言不合拳脚相加。

（2）颠簸伤人。驾驶员技术操作不当，车辆剧烈颠簸晃动造成乘客肢体受伤。

（3）车门夹人。驾驶员关闭车门时，照顾不周，夹伤乘客。

（4）毁坏物品。由于驾驶员的原因，造成乘客贵重物品损坏，乘客要求索赔。

轻微服务纠纷主要有：

（1）价格纠纷。双方因车资是否合理而引发的纠纷。

（2）乘车纠纷。双方因行驶路线，停车地点等问题而引发的纠纷。

（3）服务纠纷。因未满足乘客提出的某种要求引发的纠纷。

（4）语言纠纷。话不投机，双方语言越来越带有刺激性或挑衅性引发的纠纷。

（5）磕碰纠纷。因车辆急停猛转，造成乘客身体或物品与车上的设施碰撞引发的纠纷。

此外，出租汽车驾驶员与乘客之间在语言上的差异，视听上的错觉，理念上的误解等，也容易引发纠纷。

出租汽车议价　　　语言纠纷　　　车门夹人　　　毁坏物品

2 服务纠纷的预防

出租汽车驾驶员在出现服务纠纷时，要采取积极的解决办法，化解纠纷。驾驶员不仅做好事后的"灭火员"，还要做好事前的"消防员"，减少服务纠纷的发生，提高运营效益。预防纠纷注意把握3个要点：

（1）规范服务是保障。出租汽车驾驶员在运营过程中，遵循服务的规范流程和服务的标准，其实是对自己最好的保障。

（2）善于观察乘客，及时协调关系。乘客上车后，出租汽车驾驶员不能只关注目的地，而忽略了乘客。要观察乘客，分析乘客，特别是一些特殊乘客。驾驶员要学会察言观色，对情绪不良的乘客做好小心谨慎的心理准备，对脾气不好的乘客和颜悦色，控制好自己的情绪，关键时刻可采取沉默措施，避免与乘客发生言语冲突。

（3）提前说明有可能产生异议的情况。出租汽车驾驶员和乘客之间服务纠纷的产生容易集中在路线选择、车费数额、服务态度、乘客特殊要求的满足等方面。在这几个方面驾驶员应该和乘客充分沟通，尊重乘客的知情权，将信息提前告知乘客。

3 服务纠纷基本处理步骤

（1）驾驶员先向乘客表示歉意；

（2）搁置争议，先解决乘客急需解决的问题；

（3）如乘客的要求违反了相关规定，从乘客的角度加以解释；

（4）确认乘客是否接受解决方案，必要时可以主动让利；

（5）驾驶员对乘客的配合或理解再次表示感谢。

4 严重服务纠纷处理方法

（1）端正思想，不强调客观；

（2）正视现实，诚恳道歉，在社会和行业中挽回影响；

（3）认真做好善后工作：受伤的负责医治，损坏的负责赔偿，尽量满足合理的要求；

（4）虚心接受主管部门的批评、教育和处理；

（5）如需诉讼法律，应积极配合司法，实事求是，不做假证、伪证，服从司法部门的裁决。

5 轻微服务纠纷处理方法

（1）宽容大度。驾驶员适度让步，让乘客挽回面子。

（2）以理服人。在不能满足乘客的不合理要求的时候，要讲道理，说服对方。语气尽量温和委婉，让乘客乐于接受。

（3）尊重乘客。驾驶员要尊重乘客的意见和人格，不要固执己见。

（4）得理让人。使乘客摆脱尴尬的

境地。

（5）求同存异。驾驶员和乘客双方可以

心平气和、求同存异，给各自留下回味反思的余地。

练习题

服务标准（140题）

一、判断题（60题）

1. 出租汽车服务是以出租汽车为载运工具，根据乘客出行需求将乘客送达目的地，并按规定收取费用的公益活动。（×）

2. 乘客预约或即时使用出租汽车服务，需要按照规定路线、时间接受服务。（×）

3. 出租汽车服务的便捷性，体现在时间和地点上能够满足乘客的需求，及时、准时、省时地为乘客服务。（√）

4. 驾驶员要主动为乘客提供合理的建议体现了出租汽车运营服务的互动性。（√）

5. 出租汽车驾驶员提供服务服务是一种短暂的过程，这种服务不是可以被保存的有形物品。（√）

6. 出租汽车的整洁、室内温度、设备配置影响着乘客乘车的舒适度。（√）

7. 出行安全，是乘客对出租汽车服务的第一需求。（×）

8. 2013年10月，交通运输部组织修订并提请国家质量监督检验检疫总局、国家标准化管理委员会发布了《出租汽车运营服务规范》。（√）

9. 出租汽车驾驶员检查运营所需物资主要包括电池电量、燃油或燃气，备足运营所需零钞，以及带好运营中需要的饮用水、食品等。（√）

10. 出租汽车驾驶员看到路边有乘客招停时应马上停车。（×）

11. 出租汽车驾驶员在停车载客时应引导乘客从左侧上车。（×）

12. 外地乘客询问驾驶员出租汽车收费标准时，驾驶员可以不予理睬。（×）

13. 出租汽车禁止在禁停路段停靠，在即停即走路段要注意乘客安全。（√）

14. 出租汽车驾驶员应在乘客上车前认真询问乘客目的地。（√）

15. 出租汽车驾驶员在征得乘客同意后，为乘客提供必要帮助，如开启行李舱，主动摆放行李等。（√）

16. 行李舱应由出租汽车驾驶员开启和锁闭。（√）

17. 出租汽车驾驶员在交班途中，可以只搭载与自己交班方向一致的出行乘客。（×）

18. 起步前，驾驶员应替乘客系好安全带。（×）

19. 运营过程中，为保证驾驶安全，驾驶员不可以回答乘客的询问。（×）

20. 现金交易最方便快捷，因此即使有刷卡、微信支付功能，也可以拒绝乘客使用这些功能支付车费。（×）

21. 因阻塞、封路等需要改变行车路线时，需向乘客说明原因，征求乘客意见。（√）

22. 因驾驶员原因造成车辆停驶或遇管理部门检查时，计价器可继续计费。（×）

23. 为做好绿色出行，驾驶员可以自行招徕他人同乘。（×）

24. 乘客要求停车等候时，出租汽车驾驶员未到约定时间不得擅自离开。（√）

25. 网约车可以在设立统一巡游车调度服务站的出租汽车站点候客。（×）

26. 驾驶员要劝阻和制止乘客车内吸烟、将头手伸出窗外、乱扔废弃物等违反乘车规则的行为。（×）

27. 为方便乘客，出租汽车驾驶员可以将车停在路中间下客。　　　　　（×）

28. 出租汽车驾驶员接单后，即使去往乘客目的地的路况不好，也不得要求乘客取消订单。　　　　　　　　　　（√）

29. 出租汽车驾驶员与乘客结算车资时，按计价器显示金额及相关规定收费，并出具发票。　　　　　　　　　　（√）

30. 对醉酒者可以拒绝提供出租汽车运营服务。　　　　　　　　　　（×）

31. 对精神病患者可以拒绝提供出租汽车运营服务。　　　　　　　　（×）

32. 驾驶员在乘客下车前转头审视其座位周围，提醒乘客带好随身物品，确保乘客无物品遗留。　　　　　　　　（√）

33. 出租汽车驾驶员接单后，运营途中乘客目的地发生变化的，费用按原计划行程收取。　　　　　　　　　　（×）

34. 网约车驾驶员待乘客上车后，可提示乘客关闭客户端实时分享功能。　（×）

35. 网约车驾驶员未及时到达约定上车地点提供服务的行为一律视为拒载。　（×）

36. 乘客下车时，驾驶员应主动协助乘客提取行李，并礼貌道别。　　（√）

37. 乘客下车时，出租汽车驾驶员应主动向乘客提供发票并索取小费。　（×）

38. 乘客下车时，出租汽车驾驶员应提醒乘客开车门时注意安全，注意后方来车，并提醒乘客携带好随身物品。　（√）

39. 发现乘客有遗留物品，驾驶员应主动与乘客联系。无法联系乘客的，应及时上交企业或有关管理部门。　　（√）

40. 收车后或交接班时，驾驶员要对车辆进行日常检查，保持车况良好。　（√）

41. 巡游出租车电召服务要求宜提供 18h 不间断信息服务。　　　　　（×）

42. 通过电信方式开展电召服务的，宜使用 95128 出租汽车约车服务号码。（√）

43. 驾驶员不得通过电召方式在机场、火车站等设立统一出租汽车调度服务站点或实行排队候客的场所揽客。　　（√）

44. 未经电召服务调度中心同意擅自取消运输服务的，均属违规、违约行为。　　　　　　　　　　　　　　　（√）

45. 网约车约车成功后，驾驶员应等待约车人或乘客与自己确认上车时间、地点等信息。　　　　　　　　　　（×）

46. 网约车约车成功后，驾驶员不应以不认路或其他理由要求乘客取消订单。（√）

47. 乘客下车时，网约车驾驶员提醒乘客可使用客户端等，通过匿名打分和意见反馈等方式对本次服务行为进行评价。　　　　　　　　　　　　　（√）

48. 出租汽车应按规定张贴和涂装广告，不遮挡车辆牌照和服务标志，且不脱落、无污损。　　　　　　　　　（√）

49. 无障碍出租汽车应保证有充足空间安放轮椅。　　　　　　　　　（√）

50. 巡游车顶灯应与运营状态标志联动，夜间应有照明，顶灯应有中英文"出租汽车"字样。　　　　　　　　　　（√）

51. 巡游车车身颜色及喷涂式样应符合当地出租汽车行政主管部门规定，同时考虑个人爱好。　　　　　　　　　（×）

52. 网约车不应在车内悬挂或者放置影响行车安全的设施设备。　　　（√）

53. "早上好！"的英文表达是"Good evening!"　　　　　　　　　　　（×）

54. 网约车司机的常用服务用语包括：车上有 Wi-Fi、手机充电器及纸巾，可以免费使用。　　　　　　　　　　　（√）

55. 西方国家人普遍认为"14"这个数字是凶险的，对"星期五"也认为是不吉利的。　　　　　　　　　　　（×）

56. 出租汽车驾驶员在与乘客交谈中，忌用除大拇指以外的任何一个指头指向乘客。　　　　　　　　　　　　（√）

57. 出租汽车在空载状态下，计价器发生故障时，应送检报修，不得继续运营。　　　　　　　　　　　　　（√）

58. 乘客对服务不满意时，出租汽车驾驶员应马上解释反驳。　　　　　　（×）

59. 出租汽车驾驶员遇公安机关交通管理部门要求协助抢救伤病时，应服从调度指挥。　　　　　　（√）

60. 出租汽车驾驶员应自觉接受社会和经营者对服务的监督，合理应对乘客投诉。　　　　　　（√）

二、单选题（60题）

1. 不符合对出租汽车服务描述的是（A）。
A. 是城市公共交通服务的基础
B. 以出租汽车为运载工具
C. 根据乘客需求将乘客送达目的地
D. 按规定收取费用

2. 出租汽车提供"全天候"服务的主要目的是（B）。
A. 增加经济收入
B. 满足乘客在不同时段的出行需要
C. 调节客流量
D. 便于两个班次作业

3. 乘客上车时出租汽车驾驶员主动问好，满足了乘客对服务（C）的需求。
A. 方便　　　　　　B. 快捷
C. 尊重　　　　　　D. 安全

4. 出租汽车驾驶员根据乘客需求调整车内的温度，满足了乘客对服务（D）的需求。
A. 快捷　　　　　　B. 放松
C. 安全　　　　　　D. 舒适

5. 运营准备阶段调整心态，主要包括舒缓情绪、（B）。
A. 保持体力
B. 保持精神饱满
C. 保持坐姿
D. 保持沉默

6. 出租汽车运营所必备的各种证件，不包括（C）。
A. 机动车驾驶证　　B. 从业资格
C. 健康证　　　　　D. 机动车行驶证

7. 出租汽车进入出租汽车站点后应当（D）。
A. 鸣笛示意　　　　B. 尽快插队
C. 尽快驶离　　　　D. 按序停靠

8. 在出租汽车站点，出租汽车应服从（B）的管理与调派。
A. 乘客　　　　　　B. 站点管理人员
C. 其他司机　　　　D. 自身需要

9. 乘客到达目的地后，出租汽车驾驶员下列哪项做法是正确的？（A）
A. 提醒乘客带好随身物品
B. 拒绝向乘客交付出租汽车发票
C. 按设备显示金额加价收费
D. 在禁停路段让乘客下车

10. 出租汽车驾驶员在载客运营过程中，应当根据（C）使用空调。
A. 经营者要求　　　B. 管理部门要求
C. 乘客需求　　　　D. 自己需求

11. 乘客可以携带乘车的物品是（D）。
A. 易燃物品　　　　B. 易爆物品
C. 有毒物品　　　　D. 合规行李

12. 根据乘客意愿使用的车内设备不包括（A）。
A. 安全带　　　　　B. 升降车窗玻璃
C. 空调　　　　　　D. 收音机

13. 乘客携带行李乘坐出租汽车时，驾驶员应当（D）。
A. 说明不负责行李的安全
B. 加收行李运送费
C. 请乘客自己放置好行李
D. 主动协助乘客放置行李

14. 出租汽车驾驶员小王喜欢在车上听摇滚音乐，乘客李先生表示想安静休息一下，小王的正确做法是（C）。
A. 继续听摇滚音乐
B. 调低摇滚音乐音量
C. 关闭车内电台和音响设备
D. 改听交通路况播报

15. 运营过程中，乘客要求停车等候时，驾驶员应该（A）。
A. 与乘客约定好等候时间

B. 自行决定等候时间

C. 自行决定离开时间

D. 就等候时间和乘客议价

16. 接近目的地时，乘客要求在公共汽车站停车，驾驶员应该（C）。

A. 按乘客要求停车

B. 避开公共汽车停车

C. 向乘客耐心解释公共汽车站不允许停车

D. 直接绕开公共汽车站

17. 出租汽车驾驶员小王在运营过程中遇到乘客身体不适，他应该（C）。

A. 立即停车

B. 竖起空车标志

C. 将乘客就近送达医院

D. 让乘客马上下车

18. 运营结束后，驾驶员要仔细检视车内，做到（B）。

A. 每小时检查一次

B. 一客一检

C. 每班次检查一次

D. 每半小时检查一次

19. 巡游车经营者应按照（A），在车内适当的位置设置服务质量监督卡、价格标准、乘客须知等信息。

A. 行业管理规定

B. 所在企业要求

C. 自己意愿

D. 乘客要求

20. 因交接班、车辆故障、驾驶员用餐或休息等原因不能提供巡游车运营服务时，应使用（D）。

A. 双闪灯　　　　B. 空车标志

C. 危险标志　　　D. 暂停运营标志

21. 乘客应按规定办理验证登记手续的情形不包括（A）。

A. 日间驶出市境

B. 去往偏远地区

C. 去往冷僻地区

D. 夜间要求驶出省、市、县境

22. 乘客在禁止停车的路段扬手招车时，驾驶员可以（D）。

A. 停车载客

B. 停车教育乘客

C. 竖起暂停运营标志

D. 拒绝提供运营服务

23. 出租汽车驾驶员在运营途中，因（C）不能完成载客服务，不能视为拒载或甩客。

A. 接听电话　　　B. 心情不好

C. 发生交通事故　D. 自己有急事

24. 巡游车驾驶员在专用等候站点候客时，应（D）。

A. 下车揽客　　　B. 下车打牌候客

C. 下车聊天候客　D. 按顺序载客

25. 网约车经营者对于服务过程中发生的安全责任事故等，应（D）。

A. 不承担赔付责任

B. 和乘客协商赔付责任

C. 和驾驶员协商赔付责任

D. 先行承担赔付责任

26. 乘客李先生问驾驶员小王为什么行驶路线与地图导航软件规划的路线不一致，小王提供优质服务的做法是（C）。

A. 请李先生下车，换乘其他车辆

B. 仍坚持按自己选择的专业路线

C. 解释原因后按李先生意愿选择行使路线

D. 向李先生说明按导航路线后果自负

27. 出租汽车驾驶员小王接单后，乘客李小姐迟迟未到，打电话也联系不上，小王正确的做法是（B）。

A. 给乘客留言，宣泄情绪

B. 获得经营者同意后离开

C. 继续耐心等待

D. 直接离开

28. 遇（D）时，驾驶员可拒绝提供运营服务。

A. 孕妇招车

B. 老年人招车

C. 残疾人招车

D. 无人陪伴的醉酒者招车

29. 当乘客携带易燃、易爆、有毒有害、放射性、传染性等违禁物品乘车时，驾驶员可以（B）。

A. 要求乘客将物品妥善放置车内

B. 拒绝提供运营服务

C. 立即报警

D. 马上向经营者报告

30. 收取电召服务费应符合（B）。

A. 免费使用的原则

B. 当地出租汽车运价管理相关规定

C. 与乘客协商的原则

D. 驾驶员决定

31. 通过电信方式开展电召服务的，宜使用（A）出租汽车约车服务号码。

A. 95128　　　　　　B. 95138

C. 95120　　　　　　D. 95122

32. 巡游车驾驶员接受电召任务后，应按照规定开启（B）前往预约乘车地点。

A. 空车待租标志

B. 电召服务标志

C. 无障碍服务标志

D. 危险警示标志

33. 网约车运营服务是提供（C）的出租汽车运营服务。

A. 道路巡游揽客

B. 火车站站点候客

C. 约车人网络预约用车

D. 机场站点候客

34. 网约车应该在（A）时确认车辆已到达。

A. 到达约定上车地点

B. 离约定上车地点 1km 处

C. 到达约定上车地点前 5min

D. 到达约定上车地点后 5min

35. 网约车乘客未按约定到达上车地点时，驾驶员等候时间可按照（D）。

A. 5min 上限原则

B. 驾驶员决定原则

C. 乘客决定原则

D. 双方约定原则

36. 出租汽车的车容车貌中对车辆牌照的要求不包括（D）。

A. 字迹清晰　　　　B. 固定端正

C. 无遮挡物　　　　D. 有反光物

37. 出租汽车的车容车貌中对车辆车窗玻璃的要求不包括（D）。

A. 齐全，洁净

B. 透亮，无破损

C. 无遮蔽物

D. 升降滑动功能失效

38. 巡游车应按规定要求携带、摆放《巡游出租汽车运输证》、《巡游出租汽车驾驶员证》、（A）等。

A. 服务监督卡（牌）

B. 交接班记录

C. 健康证

D. 行车记录

39. 网约车车内设施配置及车辆性能指标应体现高品质服务、（C）的定位。

A. 大众化经营

B. 低成本经营

C. 差异化经营

D. 个性化经营

40. 网约车应安装（B）和具有行驶记录功能的车辆卫星定位装置。

A. 优质音响装置

B. 应急报警装置

C. 车载电话装置

D. 车上娱乐装置

41. 出租汽车驾驶员运营前可以食用（D）。

A. 大蒜　　　　　　B. 大葱

C. 洋葱　　　　　　D. 苹果

42. 出租汽车驾驶员注重仪容仪表是驾驶员（A）的要求。

A. 形象文明　　　　B. 安全行车

C. 用语文明　　　　D. 扶老济困

43. 出租汽车驾驶员上岗前如需化妆，要（B）。

A. 浓妆艳抹　　　　B. 淡雅适度

C. 紧跟潮流　　　　　D. 另类前卫

44. 出租汽车驾驶员在乘客前应举止得体，可以（C）。

　A. 抓耳挖鼻　　　　　B. 剔牙搔头

　C. 微笑问候　　　　　D. 吸烟、饮食

45. 出租汽车驾驶员与乘客交流应（C）。

　A. 手舞足蹈　　　　　B. 滔滔不绝

　C. 适度　　　　　　　D. 保持沉默

46. 出租汽车驾驶员遭到乘客误解时不应（D）。

　A. 心平气和　　　　　B. 耐心解释

　C. 理解乘客　　　　　D. 责备乘客

47. 出租汽车运营途中，车辆发生故障，一时不能排除，驾驶员不应该（D）。

　A. 对乘客表示歉意

　B. 协助乘客换乘其他车辆

　C. 免收或少收乘客车费

　D. 对乘客不理不问

48. 巡游车服务评价指标中要求达到100% 的是（B）

　A. 车容车貌合格率

　B. 驾驶员从业资格证件拥有率

　C. 乘客满意率

　D. 车辆卫星定位系统合格率

49. 巡游车服务评价指标中乘客有效投诉率要求小于（D）

　A. 千分之三十

　B. 千分之二十

　C. 百分之二十

　D. 百万分之二十

50. 网约车服务评价指标中要求达到100% 的是（A）。

　A. 预约响应率

　B. 第三方调查乘客满意率

　C. 约车成功率

　D. 乘客服务评价满意率

51. 网约车服务评价指标中要求不小于80%的指标是（D）。

　A. 车辆相符率

　B. 驾驶员相符率

C. 营运车辆保险购买合格率

D. 约车成功率

52. 对于网约车驾驶员出现骚扰、吸毒、超速等方面投诉的，经营者应（B）。

　A. 永久停止该驾驶员提供服务

　B. 暂停该驾驶员提供服务，认真调查核实

　C. 马上承担责任

　D. 马上处罚该驾驶员

53. 接到网约车乘客咨询、投诉后，（A）应在 24h 内处理，5 日内处理完毕，并将处理结果告知乘客。

　A. 经营者　　　　　　B. 驾驶员

　C. 接线员　　　　　　D. 政府主管部门

54. 出租汽车运营服务中，属于严重服务纠纷的是（D）。

　A. 价格纠纷　　　　　B. 语言纠纷

　C. 磕碰纠纷　　　　　D. 颠簸伤人

55. 出租汽车驾驶员与乘客之间容易引发纠纷的因素不包括（D）。

　A. 语言上的差异

　B. 视听上的错觉

　C. 理念上的误解

　D. 仪容仪表的遵守

56. 对出租汽车驾驶员预防与乘客产生服务纠纷无效的是（B）。

　A. 提供规范服务

　B. 提前警告乘客不要进行投诉

　C. 善于观察乘客，及时协调关系

　D. 提前说明有可能产生异议的情况

57. 轻微服务纠纷处理方法不包括（C）。

　A. 宽容大度　　　　　B. 以理服人

　C. 知错不认　　　　　D. 得理让人

58. 网约车经营者不能拒绝约车人提出的（D）h 之内的预约用车需求。

　A.24　　　B.36　　　C.48　　　D.72

59. 网约车经营者宜通过（B）不断改进服务。

　A. 加强宣传

　B. 第三方服务质量评价

　C. 降低收费

D. 自身服务质量评价

60. 在（A）的情况下，出租汽车驾驶员可以谢绝或中断服务。

A. 乘客欲携带易燃易爆危险品上车

B. 因路途遥远，没有回头客

C. 乘客行动不便

D. 乘客不允许搭载其他乘客

三、多选题（20题）

1. 出租汽车服务的特点主要有（ABC）。

A. 便捷性　　　　B. 专属性

C. 易逝性　　　　D. 随意性

2. 乘客对出租汽车服务的需求包括（BCD）。

A. 发泄的需求　　B. 安全的需求

C. 快捷的需求　　D. 方便的需求

3. 要满足乘客对出租汽车运营服务快捷的需求，驾驶员需做到（ABC）。

A. 熟悉城市道路交通路线与交通状况

B. 及时了解道路交通信息

C. 科学合理规划行驶线路

D. 尽量避开红绿灯多的路段，不惜多绕道

4. 规范出租汽车运营服务的国家标准和行业标准有（ABC）。

A.《出租汽车运营服务规范》

B.《巡游出租汽车运营服务规范》

C.《网络预约出租汽车运营服务规范》

D.《关于深化改革推进出租汽车行业健康发展的指导意见》

5. 在出租汽车运营准备阶段，需完成以下哪些工作？（ABCD）

A. 检查车容车貌

B. 进行车辆安全检视

C. 检查服务设备、证件和票据等

D. 调整心态，检查服务仪容

6. 乘客上车后，对路线不熟悉的乘客，出租汽车驾驶员处理步骤是（BCD）。

A. 选择里程最长的路线

B. 选择合理路线

C. 向乘客提出合理路线建议

D. 在乘客同意后按该路线行驶。

7. 出租汽车运营服务全程不得（ABCD）。

A. 拒载

B. 绕路

C. 甩客

D. 议价（包车服务除外）

8. 运营途中需加收（ABD）费用时，应向乘客事先说明。

A. 空驶费

B. 过路过桥费

C. 辛苦费

D. 其他应由乘客承担的

9. 驾驶员在运营服务中不得（ABCD）。

A. 吸烟　　　　　B. 接打手持电话

C. 向车外吐痰　　D. 乱扔废弃物

10. 出租汽车驾驶员在乘客上车时应该做到（CD）。

A. 问清目的地后，再请乘客上车

B. 在保证安全前提下允许乘客携带少量易燃、易爆物品乘车

C. 车辆应与道路平行停靠，并在右侧上车

D. 在条件允许的情况下，驾驶员应主动开启车门，帮助乘客提拿行李

11. 出租汽车驾驶员小李在送回乘客遗失物品时，不可以（BC）。

A. 向乘客说明情况

B. 趁机敲诈乘客

C. 向乘客索要酬金

D. 向经营者报备

12. 根据《出租汽车运营服务规范》，出租汽车服务方式包含（ABCD）等。

A. 扬手招车服务　　B. 电召服务

C. 站点服务　　　　D. 包车服务

13. 网约车宜为乘客准备（ABCD）等。

A. 互联网无线接入　B. 手机充电器

C. 纸巾　　　　　　D. 雨伞

14. 网约车运营过程中，驾驶员应根据（CD）选择合理路线。

A. 驾驶员个人偏好

B. 驾驶员利益最大化原则

C. 网络服务平台规划线路

D. 乘客意愿

15. 遇（ABCD）等特殊情况不能完成订单的，网约车驾驶员应及时向经营者说明原因，并向乘客说明。

A. 道路、气候问题

B. 驾驶员身体问题

C. 交通事故问题

D. 车辆故障问题

16. 出租汽车的车容车貌中对车辆行李舱的要求包括（ABC）。

A. 整洁

B. 开启装置完好

C. 照明有效

D. 供乘客放置行李物品的空间不少于行李舱的三分之一

17. 巡游车应在车厢内外显著位置明示（ABCD）等信息。

A. 经营者名称或简称

B. 价格标准

C. 服务监督电话

D. 乘客须知信息

18. 出租汽车驾驶员小李，接载了外国乘客，可是听不明白乘客要去哪里，小李可以（BCD）。

A. 请乘客下车

B. 向出租汽车公司求助

C. 向出租汽车调度中心求助

D. 打报警电话求助

19. 出租汽车运营服务中可以使用暂停运营标志的情况有（ABCD）。

A. 交接班　　　　　　B. 车辆故障

C. 驾驶员用餐　　　　D. 驾驶员休息

20. 出租汽车驾驶员严禁以下哪些驾驶行为？（ABD）

A. 酒后驾驶

B. 涉毒驾驶

C. 文明驾驶

D. 超速驾驶

▶ 单元四

安全运营

学习目标：

1. 了解驾驶员生理和心理特征与安全驾驶的关系及心理健康调节方法；

2. 掌握出租汽车车辆维护及常见故障的应对方法；

3. 熟知行车安全的基本知识以及车辆突发情况处置的方法；

4. 掌握运营中自我保护的方法；

5. 了解各类危险品的识别与处置方法。

模块一 安全运营心理与生理知识

出租汽车驾驶员在复杂环境中从事运营活动，与不同人群打交道，时常会遇到种种不顺心不如意的事情。比如，违法行驶收到罚单、被乘客投诉、业绩不佳、家庭琐事等都会干扰驾驶员情绪。有些驾驶员面对外界干扰和刺激，自我调节能力较差，往往不能控制自己的情绪而做出一些非理智的举动，容易造成行车事故和引发服务纠纷，因此驾驶员调节和平衡自我情绪的能力尤为重要。

一 心理对安全行车的影响

心理健康的驾驶员精神饱满、情绪稳定、驾驶操作规范、面对紧急情况冷静谨慎；心理不健康的驾驶员情绪容易异常、注意力分散、驾驶操作不规范、争强好胜。因此，提高驾驶员的心理素质，减少消极的心

理行为，对保障行车安全具有重要意义。

要控制情绪，千万莫急躁！

1 情绪对安全行车的影响

情绪是人对客观事物是否符合自身需要而产生的态度体验，是极其复杂的心理现象。

情绪分为心境、激情和应激。心境是人情绪的一种状态，比较持久，客观环境制约着人的心境状态。激情是人情绪的另一种状

态，积极的激情起增力作用，消极的激情起减力作用。应激是出乎意料的紧张情况所引起的情绪状态。驾驶员的应激状态有时会导致交通事故。驾驶员在突然遇到险情时，都会迅速作出决定，采取措施，这种情况下容易引起应激状态。

情绪表现为积极和消极的两极性，积极的情绪更能让驾驶员保持平和的心态，有利于驾驶员集中注意力和冷静应对行驶中出现的各种状况。然而消极的情绪会使驾驶员精神不振、心灰意冷，从而导致事故的发生。心情烦躁或愤怒时，能够迅速调节，尽量做到心平气静，体现出驾驶员具有良好的心理素质。出租汽车驾驶员驾驶车辆时保持心情舒畅、平心静气，有助于安全行车。

2 性格对安全行车的影响

性格是指个人对人、对事的态度和行为的心理特征。个性心理特征对安全行车具有影响，不同性格的人，处理问题的方式和效果不同。理智、原则性强、性格温和的驾驶员往往遵纪守法；性情粗暴、急躁、优柔寡断的驾驶员发生交通事故的概率相对较高。

驾驶员的优良性格是保障行车安全的重要条件。每一位驾驶员，只要加强学习，提高修养，在实践中善于总结经验，不断锻炼和提升自己的安全意识和职业道德品质，都可以养成优良的性格。

3 意志与安全行车的关系

成功的路上，不可能一帆风顺，总要克服各种困难，这就需要驾驶员具有顽强的意志品质（表4-1）。

驾驶员的基本意志品质表现　　　　　　　　　　　表4-1

意志品质	含　义	驾驶车辆时的具体表现
自觉性	一个人在行动中具有明确的目的性，并充分认识行动的社会意义，使自己的行动服从于社会要求的品质	自觉遵守法律法规，文明礼让，安全行车
果断性	明确是非，迅速而合理地采取行动并实现所做决定的品质	遇到紧急情况时头脑冷静，处置果断
自制性	一个人在意志行动中，善于控制自己的情绪，约束自己的言行方面的品质	克服不良倾向，不急躁、斗气，始终保持良好心境
坚持性	执行决定中长期保持充沛的精力，顽强地克服困难，坚持到底的品质	精力充沛，特别是长时间驾驶后，始终保持克服困难的毅力和信心

4 心态管理的方法

驾驶员要与各种各样的人打交道，难免会遇到不顺心的事。有些驾驶员面对外界的干扰和刺激，自我调节能力较差，往往不能控制自己的情绪。比如遇交通堵塞就出现急躁心理、被领导责骂或与同事纠纷就出现挫折心理、自认为驾驶经验丰富就出现自满心理；还有些驾驶员明知道这样做是不对的，但随大流，怀着法不责众的心态，出现了从众心理；更有驾驶员忽视交通风险，将必要的行车规定视为老生常谈，产生习以为常之感，出现了麻痹心理。驾驶员如果没有健康的心理来应对多变的事物，不仅容易引发交通事故，也难以适应社会

心理健康调节方法

环境。

1 自我调节方法

驾驶员要懂得自我控制情绪，保持积极乐观的心态。在生活或工作中遇到不愉快的事情，感到痛苦、郁闷时，要学会及时从不良的情绪中转移出来，可以向朋友、家人倾诉，缓解内心的压抑感；也可以适当满足个人的基本需要，去旅行、购物、体育锻炼等，适当转移注意力，以此来控制自己的情绪。如果在驾驶过程中感觉自己的情绪波动过大，应选择安全地点停车，待情绪稳定后再继续行驶。

2 内心自省方法

内心自省就是自我批评。驾驶员要善于总结成功的经验，反省失败的原因，这样才

能坚持和发扬优点，克服缺点，从而取得更大的成功。经常开展自我批评，剖析自己，是矫正不良心理倾向的必经之路。

③ 取长补短方法

驾驶员要保持良好的人际关系，当面对自己的家人、领导、同事、乘客，如果心理距离过大，就会产生抑郁、忧伤等不良情绪，影响个人的身心健康。因此，驾驶员在工作和生活中，要尊重自己、尊重别人，使自己成为社会大家庭里的一个好成员，坚持学习，扩充知识，吸取别人的长处，增强自信心，实现自我价值。

二 生理对安全行车的影响

驾驶员在运营过程中，往往更关注驾驶技术和经济效益，而忽略了生理因素对安全行车的影响。拥有清醒的头脑、灵敏的反应、充沛的精力才是确保安全行车的基础。

1 视觉特性对安全行车的影响

一般来说，行车中驾驶员90%左右的有效信息是靠视觉获得的，所以视觉特性对安全行车有重大影响。

① 视力

视力是指眼睛分辨两物点最小距离的能力，又分为静视力、动视力和夜间视力。静视力是人在静止状态时的视力，动视力是人在运动状态下的视力，夜间视力是在黑暗环境中的视力。一般人的动视力比静视力差，夜间视力比白天视力差。人的视觉机能受运动速度的影响非常大，车速越快，动视力下降越明显。

白天视力

夜间视力

② 视野

视野是指头部固定的情况下眼睛能看到的空间范围，可分为静视野和动视野。动视野比静视野窄。随着车速的增加，有效视野会变得越来越窄（表4-2）。

车速与视野的关系　　　　表4-2

车速	40km/h	72km/h	105km/h
视野	90°~100°	60°~80°	40°

车速低时的视野

车速高时的视野

2 疲劳对安全行车的影响

行车过程中，驾驶员活动空间受到一定范围的限制，又要集中精力去判断车外各种情况，精神处于高度紧张中，时间一久，驾驶员就可能出现生理、心理机能的失调，从而导致驾驶技能下降，这种现象就被称为驾驶疲劳。

疲劳驾驶会导致驾驶员出现操作失误增加、注意力不集中、判断力下降等诸多方面的问题，因此疲劳驾驶实际上是对死亡的一种挑战。常见的疲劳驾驶形成原因见表4-3。

驾驶疲劳形成的原因 表4-3

原因	要素	疲劳驾驶形成的主要原因
生活原因	睡眠质量	睡眠时间不足、质量不高、环境差等
	生活环境	居住地离工作地点过远，家务事多，家庭不和睦，社交面广，参加文娱活动时间过长等
工作环境	车外环境	路面状况差，交通环境复杂，气候条件不良等
	车内环境	噪声过大，空气质量差，通风不良，温度过高、过低，湿度过大，仪表和操纵机件安装不合理，座椅调整不当，与同车人关系紧张等
	运行条件	长时间、长距离行车，车速过快、过慢，坐姿不良、血液循环不畅等
驾驶员素质	身体条件	体力、耐久力差，视听能力下降，患有某种慢性疾病，服用驾驶禁用药物等
	驾驶经历	技术水平低，操作生疏，驾驶时间短、经验少，安全意识差等
	性别条件	女性生理特殊时期（经期、孕期）等
	性格	粗心，急躁，易冲动等

疲劳驾驶很危险，应立即停车休息！

当感觉到疲劳再去缓解，难免显得有些被动，不如主动预防，预防驾驶疲劳的方法：

（1）每天尽量保证7～8h的睡眠时间；

（2）适当多吃蔬菜，水果，纤维性食物；

（3）饭量以七八成饱为好，不要狼吞虎咽，尽量做到按时就餐；

（4）夜间应由2人轮流驾驶，交替休息，每人驾驶时间应在2～4h；

（5）保持驾驶室空气畅通，温度和湿度适宜；

（6）避免长时间保持一个固定姿势，应

适当调整，促进血液循环；

（7）学会掌握持续行车的时间节奏，长途驾驶中2h停车休息一次；

（8）连续驾驶时间不得超过4h，期间停车休息时间不得少于20min。

小知识

减轻和改善疲劳的方法

（1）用冷水刺激面部；

（2）喝一杯热茶或热咖啡；

（3）吃一些酸辣的食物；

（4）活动肢体，进行深呼吸，眺望远方；

（5）用双手以适当的力度拍打头部。

切记：以上方法只能暂时改善和缓解疲劳，不能从根本上解除疲劳，唯有睡眠才是解除疲劳、恢复清醒最可靠、最有效的方法。

3 饮酒对安全行车的影响

酒精会麻醉、抑制中枢神经的活动，影响驾驶员的判断力，降低视觉敏锐度，使其不能正确有效地控制车辆。常见的酒后驾驶不安全现象见表4-4。

酒后驾驶的不安全现象　　　　　　　　　　表4-4

触觉能力降低	由于酒精的麻醉作用，人的手、脚的触觉较平时降低，往往无法正常控制加速踏板、制动踏板及转向盘
判断、操作能力降低	酒后驾驶对光、声刺激反应时间延长，感觉器官和运动器官如眼、手、脚之间的配合功能发生障碍，无法正确判断距离、车速
视觉障碍	酒后驾驶导致视像不稳、模糊，辨色能力下降
心理变态	在酒精的刺激下，驾驶员容易过高地估计自己，忽略别人的劝告，对路面情况做出错误的判断
疲劳	饮酒后易困倦，表现出行驶不规律、空间视觉差等疲劳驾驶的行为

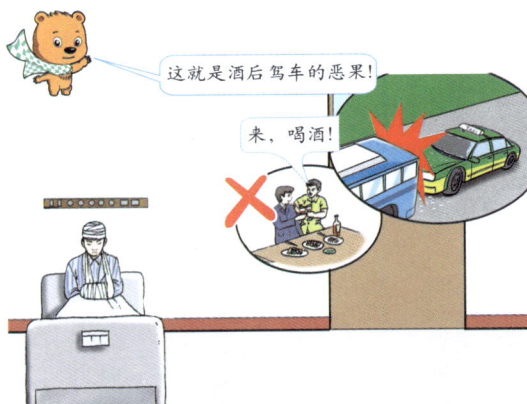

这就是酒后驾车的恶果!

来，喝酒!

4 疾病、药物对安全行车的影响

不同的药物和用药剂量对驾驶员的心理、生理都可能产生不同的影响。镇静剂、兴奋剂、抗生素、抗过敏药物及治疗胃、肠消化系统和心血管系统的药物，按其临床作用可能使驾驶员产生瞌睡、疲乏、眩晕、神经昏迷、冲动、注意力减退、反应能力和动作出现呆滞、不协调的现象，直接危害驾乘人员的生命安全。为了防止因药物造成的交通事故，驾驶员在行车中要尽量避免服用上述药物，在生病服药期间最好不要驾车。

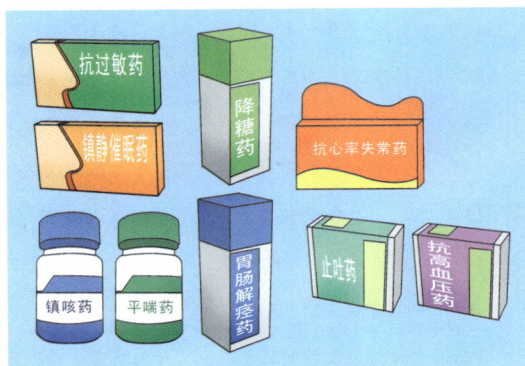

抗过敏药　降糖药　抗心率失常药

镇静催眠药

镇咳药　平喘药　胃肠解痉药　止吐药　抗高血压药

模块二　出租汽车车辆使用

出租汽车车辆使用状况对车辆的运营安全具有极其重要的影响。随着汽车行驶里程的增加，其技术状况会不断发生变化，各个机构和零件必然会逐渐产生不同程度的松动、磨损、疲劳和机械损伤，安全性、可靠性降低，严重威胁到驾驶员与乘客的安全。做好汽车的维护，了解常见故障的处理方法，可保证车辆在良好的技术状况下运行，是保障行车安全的一项根本措施。

一 车辆安全检视

安全检视是驾驶员必须完成的日常工作，可概括为做好"三检"（即出车前、行车中和收车后的安全检查），保持"四清"（即保持机油、空气、燃油的滤清器和蓄电池的清洁），防止"四漏"（即防止漏水、漏油、漏气、漏电），并作好燃料、润滑油及冷却液的补给和车容整洁工作。驾驶员应重点加强出车前、行车中和收车后的安全检查，具体项目见表4-5～表4-7。

出车前车辆例行检查项目   表4-5

序号	主要检查内容
1	轮胎气压及磨损是否正常，固定螺母是否缺失或松动
2	风窗玻璃是否完好
3	车灯和反光器、标志顶灯、外后视镜是否完好
4	发动机、底盘有无遗洒、泄漏
5	发动机舱内线束是否捆绑牢固，无软化现象
6	机油、润滑油、冷却液、转向助力液、风窗清洗液、制动液等油液液面情况，燃油管路是否正常
7	发动机传动带、风扇传动带是否松紧适度、无龟裂
8	蓄电池、高低压线路有无异常
9	仪表、转向盘自由行程、驻车制动器、变速器操纵装置是否正常
10	离合器踏板、制动踏板、加速踏板行程是否正常
11	安全带、内后视镜等安全设施及装置是否正常
12	车门、车内灯能否正常开启，前排座椅能否调节
13	三角警示牌是否携带，灭火器是否完好
14	发动机起动后各仪表及报警灯工作状况是否正常，发动机、底盘运转部件有无异响、异味
15	计价器是否正常
16	车载卫星定位系统、电召服务设备是否正常
17	音响、空调是否正常
18	灯光及控制装置、喇叭按钮功能是否正常
19	风窗玻璃刮水器和洗涤器工作情况是否正常

行车中主要车辆检查项目   表4-6

序号	主要检查内容
1	离合器踏板、制动踏板、加速踏板工作是否正常，有无操纵困难、沉重、偏向一侧等异常现象
2	仪表、转向盘、驻车制动器、变速器操纵装置是否正常
3	车身有无跳动或颤抖、机件有异响或烧焦味、发动机动力突然下降等现象
4	油箱、冷却液箱和油底壳等部位有无漏水、漏油，气压制动有无漏气现象
5	轮毂、制动毂（盘）温度有无异常
6	计价器、车载卫星定位系统、电召服务设备等专用设施是否正常

收车后主要车辆检查项目　表4-7

序号	主要检查内容
1	发动机熄火前有无异响,仪表工作是否正常
2	电器设备(包括音箱、空调车窗加热丝等)是否关闭
3	发动机、底盘有无遗洒、泄露
4	轮胎气压及磨损是否正常,固定螺母是否缺失或松动

二 车辆维护基本知识

汽车维护是指对汽车运行达到国家有关标准规定的行驶里程或间隔时间,为保持车辆技术状况良好、确保运行安全、保护环境、降低运行消耗、提高运输质量,而应按期执行的维护作业。

道路运输车辆的维护分为日常维护、一级维护和二级维护。贯彻"安全第一、预防为主"的汽车维护方针,也是保障汽车安全运行的基本制度。

1 日常维护

日常维护是由驾驶员每日出车前、行车中和收车后,负责执行的车辆维护作业,其作业中心内容是清洁、补给和安全检视。

上路运营前要做好车辆技术状况检查。

(1)清洁:对汽车外观、发动机外表进行清洁,保持车容整洁。

(2)补给:对汽车润滑油、燃油、冷却液、制动液、各种工作介质、轮胎气压进行检视补给。

(3)安全检视:对汽车制动、转向、传动、悬架、灯光、喇叭等安全装置的功能及发动机运转状况进行检视、校紧,确保行车安全。

2 一级维护

一级维护是由维修企业负责执行的车辆维护作业。其作业中心内容是除日常维护作业内容外,主要以清洁、润滑、紧固为主,并检查有关制动、操纵等安全部件。

3 二级维护

二级维护是行业标准要求进行的车辆维护作业,由具有资质的维修企业负责执行。其作业中心内容是除一级维护作业内容外,主要以检查和调整转向节、转向摇臂、制动蹄片、悬架等经过一定时间使用容易磨损或变形的安全部件为主,并拆检轮胎,进行轮胎换位。二级维护必须按期执行。

三 轮胎的使用与维护

轮胎是出租汽车车辆行驶系的主要部件,其工作好坏直接影响车辆安全性、稳定性和经济性。轮胎的完好对于安全行车非常重要。如由于超速行驶、轮胎气压过高,引起轮胎爆裂,可能导致车毁人亡;由于轮胎选用不当,引起轮胎早期磨损,对安全行车构成严重威胁;由于购买了假冒伪劣轮胎,酿成事故,给驾驶员留下终身遗憾。因此,作为一名出租汽车驾驶员,为了乘客及自身安全,也同时为了延长汽车的使用寿命,应掌握正确选择和使用小轿车轮胎的方法。

1 轮胎型号选择

现代小轿车普遍采用子午胎。由于其帘布层相互平行排列,恰似地球的子午线方向,故称为子午胎。子午胎与普通斜交轮胎

出租汽车驾驶员从业资格考试全国公共科目培训教材（第二版）

相比有以下特点：弹性大、耐磨性好，可使轮胎寿命提高30％~50％；滚动阻力小，可降低油耗8％左右；附着性能好，缓冲性能好，承载能力大。鉴于上述特点，子午胎的使用范围越来越广。

2 轮胎的维护

由于轮胎直接与地面接触，因此特别要留意做好汽车轮胎的维护工作。

（1）高速行驶保持车距，避免不必要或经常地制动，这样可以减少对轮胎的损害。

（2）经常在超负荷下使用，轮胎的使用寿命会减少20%~50%。同时错误的装载方式也会由于轮胎负载不均匀，而影响到轮胎的使用寿命，甚至于容易造成轮胎爆胎。轮胎气压过低时，若高速行驶，轮胎会出现波浪变形，温度升高，甚至爆胎。

（3）气压是决定轮胎寿命和工作好坏的主要因素，轮胎所充气压必须符合国家标准对不同种类、规格轮胎所指定的气压。要经常检查轮胎的气压，气压过高或不足都会使轮胎产生异形磨损、花纹沟底龟裂、帘线折断、帘布层脱层、轮胎爆破等损坏。

（4）要适时适当地进行轮胎换位，坚持在车辆一级维护和二级维护时检查轮胎，保持轮胎的磨损均匀，延长使用寿命。

（5）翻修后的轮胎不要在车辆的前轮上使用。

（6）轮胎磨损到磨耗标记处，必须予以调换。轮胎的使用极限是残留花纹深度小于

6mm。为表示轮胎已到极限，部分轮胎设置了极限磨损记号。

3 正确使用与维护

（1）保持轮胎的标准气压。轮胎的寿命与气压有很密切的关系。胎压过高、过低都会引发轮胎过度的磨损，造成爆胎。如果驾驶员发现是由于气压过高造成轮胎过热，绝对不允许采用放气、向轮胎上浇冷水的方法来降低温度，这样做会加快轮胎的老化速度，大大降低轮胎的使用寿命。遇到这种情况只能停车自然冷却降温、降压。对于胎压过低的轮胎，驾驶员要及时充气，并检查轮胎是否有慢撒气现象，以便更换气密性好的轮胎。这一点对于无内胎的轮胎极为重要。

气压正常　　气压过高　　气压过低

（2）注意轮胎的动平衡。汽车更换轮胎，在装车前一定要经过动平衡测试，如果发现轮胎不平衡，绝对不允许装车使用。

（3）注意轮胎的换位。为使汽车各轮胎磨损均匀，延长其使用寿命，要定期按规定实施轮胎换位，一般在二级维护时进行换位维护。

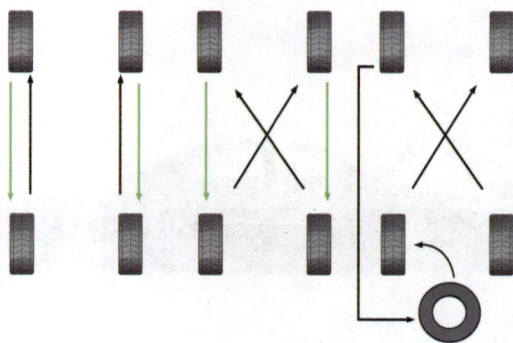

单边轮胎换位　　交叉轮胎换位　　有备胎轮胎换位

（4）严禁超载、超速行驶。驾驶员要根据汽车的型号来控制装载量和车速，经常性超载不但加大了爆胎的可能性，而且可能引发悬架变形和车身损坏。

4　延长轮胎使用寿命的驾驶方法

（1）汽车起步不可过猛，无论空、重车都应低速平稳起步。避免轮胎与地面拖曳，以减少胎面磨耗。

（2）在良好路面上行驶，应保持直线前进，除会车和避让障碍物外，禁止左右摇摆和急剧转向，以防轮胎和轮辋之间产生横向的切割损伤轮胎。

（3）车辆下长坡时，应根据坡度大小、长度和道路情况，适当控制车速。

（4）车辆上坡时，应尽量利用惯性行驶，适时变速，及时换挡，以减少轮胎的磨损。

（5）行车转弯应根据弯道情况控制车速，不要高速转弯，否则车辆产生较大的离心力，加速磨耗，同时还会使轮胎被轮辋横向切割，造成损坏。

（6）在复杂情况下（会车、超车、通过城镇交叉路口、过铁路）行驶时，应掌握适当的行车速度，减少频繁制动和避免紧急制动，否则容易增大轮胎与地面之间的滑动摩擦，致使胎面严重磨损。

紧急制动会严重磨损轮胎！

（7）在不良道路上应减速行驶，并仔细观察，择路通过。

四　常见故障及应对措施

汽车常见故障，一般来说是指出现次数较多、频率较高、但不会对汽车使用构成致命性破坏的故障。这些故障往往是驾驶员经常遇到的，其中很多故障是可以通过驾驶员自己动手排除或在使用过程中注意正确的操作规范来预防的。常见故障有发动机故障、底盘故障、电气设备故障。

1　发动机常见故障

发动机出现故障时，一般表现为产生异响、起动困难、动力性能下降、燃料消耗增加。

1　发动机起动困难或不能起动

发动机起动困难或不能起动的原因很多，但有时候可能只是由于一些小毛病造成的，如果了解了这些原因，就能尽快地解决问题。

（1）火花塞受潮。

在清洗汽车时直接冲洗发动机，或因汽车淋雨造成火花塞受潮无法点火，导致发动机不能起动。可以把受潮的火花塞拆下、晾干，然后再起动。

（2）火花塞损坏。

检查火花塞是否损坏，如果损坏，只需更换新火花塞即可。

（3）蓄电池电量不足。

有时候因为停车忘记关闭前照灯或其他有电设备，长时间放电造成蓄电池电量不足而无法起动。如果是这样，可以采取用其他汽车拖拽或人力推动汽车至一定速度，拧动点火开关到ON挡，踩下离合器踏板，挂2挡；松开离合器踏板，汽车就能自然起动。也可采取拆下蓄电池充电或用导线连接到其他汽车的蓄电池来起动汽车，但要注意连接时正、负极不要接反。

（4）空气滤清器堵塞。

由于汽车长时间行驶，空气中的粉尘堵塞空气滤清器滤芯造成供气不畅，而引起发动机起动困难或不能起动。只需拆下空气滤清器滤芯，将粉尘清洁干净后重新装上，便可起动。

如果是其他原因，如电控系统传感器故障、燃油喷射系统故障等造成发动机不能起动，应到专业汽车维修企业进行检修。

2 发动机运转有异响

发动机运转异响是指发动机在正常工作中发出超过技术规定的不正常响声。常见的响声部位主要有曲轴主轴承响声、活塞敲击缸体响声、活塞销响声和气门响声等。如果行车中突然出现较大异响或声音变化较快，应及时送汽车维修企业检修。

3 发动机过热

发动机过热是指发动机冷却液的温度超过正常的最高温度范围，有时还有散热器沸腾的现象，俗称"开锅"。如果行车中出现发动机过热，水温指示灯亮，应立即选择安全地方靠边停车，注意不要马上熄火，以防止发动机出现"粘缸"现象。应让发动机怠速运转一会，待发动机温度逐渐下降后，再熄火进行检查处理。

（1）冷却液不足。

由于冷却液耗损或冷却系统管路破裂漏水，造成冷却液不足而引起发动机过热，可以自行补足冷却液，使发动机温度恢复正常，再到维修企业更换新的管路。注意在开启水箱盖（冷却液储液罐盖）时，要防止高温水蒸气喷出烫伤手和脸部。应先拧松放气，然后再安全打开。

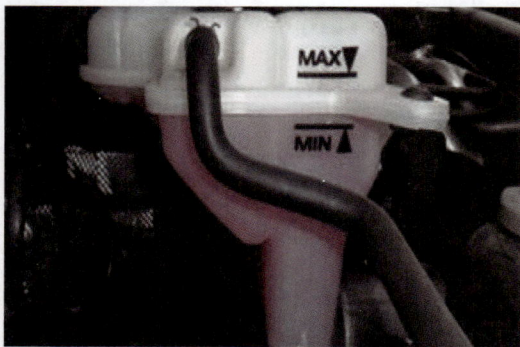

（2）风扇、水泵传动带松弛。

因风扇、水泵传动带松弛而引起散热不良，造成水温过高，可以调整传动带的松紧度，使其挠度控制在10～15mm为宜。皮带松紧度检验标准是在发电机和风扇轮之间用大拇指以29～49N的力按下皮带10～15mm为宜。

另外，发动机长时间大负荷、高转速行驶，也可能造成水温过高，应停车休息。如果是其他原因，如由于三元催化器阻塞或损坏、水泵损坏、节温器阻滞或损坏而引起的水温过高，应即时到维修企业进行维修、更换。

4 机油压力过低

发动机起动后机油压力指示灯不熄灭，或在行车过程中机油压力指示灯突然亮，则表示机油压力过低。如果继续行驶，容易造成发动机磨损加剧。

机油压力过低的原因很多，如机油量不足、机油黏度下降、机油泵工作失常、机油滤清器堵塞、轴承间隙过大等。

发现机油压力过低，首先用机油尺检查机油。若机油量不足，及时添加即可；若机油黏度下降，应即时更换。其他原因应即时到维修企业检查维修。

2 底盘常见故障

汽车底盘包括传动系、行驶系、转向系和制动系。汽车底盘的技术状况，直接关系到整车行驶的操纵稳定性和安全性，同时还影响发动机的动力传递和燃油消耗。

1 离合器故障

离合器安装在发动机与变速器之间，用以分离或接合前后两者之间动力联系，其作用是保证汽车平稳起步、换挡平顺和防止传动系过载。

离合器常见故障主要有：离合器打滑、分离不彻底、发抖等。

（1）离合器打滑。

离合器打滑表现为：当汽车起步时，完全放松离合器踏板，发动机动力不能完全传至变速器主动轴，使汽车动力下降，起步困难；汽车加速时，车速不能随发动机转速的提高而提高；重载或上坡时，发动机转速虽提高，但仍感乏力，严重时伴有焦臭味和黑烟。

离合器打滑的故障原因为：离合器踏板自由行程过小或没有自由行程，使压盘处于半分离状态；摩擦片磨损变薄、硬化、铆钉外露或沾有油污、压盘压紧弹簧过软、折断、弹力不足等。

（2）离合器分离不彻底。

离合器分离不彻底表现为：汽车起步时，将离合器踏板踩到底仍感到挂挡困难，强行挂入，不放松离合器踏板，汽车就向前移动或造成发动机熄火。变速换挡时，挂挡困难或挂不进挡，并从变速器端发出齿轮撞击声。

离合器分离不彻底故障原因为：离合器踏板自由行程过大；个别分离弹簧折断、过软或高低不均；离合器从动盘翘曲、铆钉松动或新换摩擦片过厚等。

（3）离合器发抖。

离合器发抖表现为：汽车起步时不能平稳结合，有突然窜动的感觉；起步瞬间伴有车身抖动现象，严重时整车抖振。

离合器发抖故障原因为：压盘和从动盘翘曲或磨损起槽，从动盘铆钉松动；离合器盖与飞轮固定螺栓松动；膜片弹簧弹力不均等。

离合器出现故障，一般驾驶员很难自行修复，应即时到维修企业进行调整或维修。

❷ 行车中换挡时发动机熄火

汽车在行驶中，当踩下离合器踏板同时松抬加速踏板准备换挡时，发动机就出现熄火，此故障原因一般为发动机怠速过低。检查发动机怠速，如果怠速过低，只要把怠速调整到正常转速即可；如果怠速正常，则可能是油气分离器被堵塞，需要到维修企业清洗油气分离器。

❸ 高速行车时转向盘发抖

汽车在行驶中，随着速度提高转向盘抖动逐渐强烈，或是在某一较高车速出现转向盘抖动，其故障原因一般为转向轮定位不准、轮毂或轮胎变形过大、车轮动态不平衡而造成。

首先对车轮进行清洗，清洗后若故障消除，则为车轮上的异物所造成动态不平衡所

致；其次检查轮毂和轮胎，若轮毂或轮胎变形过大，应即时更换；若轮毂或轮胎没有问题，应到维修企业进行前轮定位和动态平衡检查。

❹ 行车中转向沉重

汽车行驶中转向沉重的原因较多，但常常是因为前轮气压不足、助力转向液不足、前轮定位不准造成。

首先检查轮胎气压，若气压过低，应找出原因即时修复并补足气压，即能恢复正常；若轮胎气压正常，应到维修企业进行前轮定位或添加助力转向液。

❺ 行车时方向跑偏

指汽车行驶时松放转向盘，汽车就会自动偏向一边，必须用力握住，才能使汽车保持直线行驶的现象。汽车行驶跑偏的故障原因一般为左右两前轮气压不等、前轮定位不准或单边制动拖滞。

驾驶员应对前轮胎进行重点检查，若前轮左右轮胎气压不等，补充校正两轮胎气压即可消除故障；若气压正常，但左右轮胎磨损差异过大或出现异常磨损，多为前轮定位不准。另外，在行车途中停车检查制动器和轮毂轴承，如过热，说明制动拖滞，应到维修企业进行前轮定位或维修调整。

3 电气设备常见故障

❶ 蓄电池故障

蓄电池是汽车必不可少的一部分，其故障往往造成汽车无法行驶。

（1）蓄电池漏电。

汽车熄火停放数小时或几日后，蓄电池电能自行消失，无法使用，其故障原因一般为蓄电池外部不清洁，导致正、负极导通放电所致。此时应清洁蓄电池外部及接线柱，并对其充电，故障便能消除。

（2）蓄电池损坏。

汽车正常行驶后熄火停车，再重新起动发动机时无法起动，此故障原因一般为蓄电池已经损坏报废，需更换新的蓄电池。

2 ABS故障

汽车行驶中，仪表盘上ABS报警灯亮，表示ABS（即防抱死制动系统）出现故障，其故障原因往往是轮速传感器传感探头脏污、松动而引起传感器工作不良。可对传感探头进行检查，清除其表面的金属或污物并紧固。若故障仍未消除，需进一步到维修企业进行检查维修。

3 汽车灯光的常见故障

汽车灯光常见故障一般有灯光不亮、灯光亮度低、灯泡频繁烧坏等。

（1）灯光不亮。

如果只有一只灯泡不亮，一般为该灯泡已损坏，更换灯泡即可消除故障；如果是几只灯泡都不亮，再按喇叭也不响，则是熔断器熔断；若同属一组熔断丝的灯泡都不亮，则可能是该支路的熔断丝熔断，需检查并更换损坏的熔断丝，即可消除故障。

（2）灯泡频繁烧坏。

灯泡频繁烧坏的故障原因一般是电压调节器不当或失调，使发电机输出电压过高。应即时到维修企业重新将输出电压调整到正常工作范围。此外，灯具的接触不良也是造成灯泡频繁烧坏的原因之一。

模块三　出租汽车安全行车

出租汽车的行车安全不仅是乘客对出租汽车驾驶员最基本的要求，并且已经成为行业优质服务的主要标志之一，也是平台公司开展正常经营活动的前提。没有安全作为保证，其他一切工作就会失去存在的意义。因此，确保安全运营，对于出租汽车行业乃至交通运输行业都有着重大的现实意义。

一 安全行车基本要求

实践证明，在导致道路交通事故发生的各类因素中，人的因素是主要因素。一位头脑清醒、经验丰富的驾驶员，即使在车辆、道路处于不正常的情况下，也可能通过其努力，克服困难，化险为夷。

1 安全行车的核心要素

驾驶出租汽车在道路上行驶时，由于交通状况不断变化，危及行车安全的各种情况随时都可能出现。因此，驾驶员要掌握全面观察路况、保持安全距离、控制车速、遵守交通法规、提前预防这5大核心要素。

（1）全面观察路况。根据有关交通事故统计资料分析，由于观察路况发生的交通事故占总事故的比例约为56%。出租汽车驾驶员要全面、仔细观察周边路况，及时捕捉相关信息，从而及早和准确地发现危险的存在，提前采取相应措施来控制车辆，避免各种危险因素对安全行车的威胁。如果出租汽车驾驶员不注意观察，就不能把行车中遇到的各种情况迅速传至中枢神经，做出正确的反应和判断。

（2）保持安全距离。出租汽车驾驶员在行车中保持安全距离，是保证行车安全的一个重要条件。驾驶出租汽车在任何时候、任何地方都要与其他车辆、行人及物体之间保持安全距离，以便为安全驾驶提供时间和空间，留出安全制动距离或灵活逃离危险的区域。

（3）控制车速。超速行驶是导致交通事故的一个主要原因，占据事故起因第一位，是最大的安全隐患。"十次事故九次快"，超速行驶，已成为道路交通安全的"第一杀手"。超速行车时，驾驶员容易紧张、恐慌、疲劳，出现操作失误，一旦遇到险情，往往反应不及时，酿成事故。超过规定速度越多，发生险情的可能也就越大，安全系数越小，事故的后果也就越严重。驾驶出租汽车保持安全的车速行驶，驾驶员才能有足够的时间进行判断和处置险情，保证在前车突然减速或停车时，有足够的时间和距离进行制动和减速。

（4）遵守交通法规。交通法规是创建和谐交通环境的制度保障，自觉遵守交通法规是对自己和他人生命的关爱。交通法规限制的不是人们的驾驶行为，而是所有的违法行为。出租汽车驾驶员要把严格遵守法律法规作为自己参与交通时需要秉持的基本准则，做到安全驾驶，确保所有参与交通的车辆、行人、乘客的安全。

（5）提前预防。在道路上驾驶出租汽车，面临的是一个非常复杂的交通环境，危险随处可见。主动避让、提前预防，远比事故发生过程中的被动处置、紧急避险更为重要。

安全行车的核心就是集中注意力、仔细观察、提前预防。驾驶出租汽车没有谨慎的意识，不集中注意力、不能提前采取应对措施，遇到危险往往就不能做出及时反应、进行有效处置。因为从发现危险到做出反应需要一定的时间，尤其遇紧急情况时，人很难迅速做出正确反应，甚至会因惊吓而不知所措。驾驶员在驾驶出租汽车的同时，要随时掌握车辆前后左右的动态，预防可能出现的危险，提前采取措施，这样才能很从容地应对各种情况。

2 安全礼让行人及非机动车

（1）安全礼让斑马线。

机动车行经人行横道前要减速行驶，遇有行人正在通过时应停车让行。遇有行驶车道绿灯亮时，但车辆前方人行横道仍有行人行走，应等行人通过后再起步。

（2）安全礼让横穿道路的行人。

机动车进出道路或者在没有交通信号的道路行驶，应当避让横过道路的行人。遇到翻越中间护栏的行人时，应迅速减速并鸣笛

提示，注意观察行人动态，做好随时停车的准备。

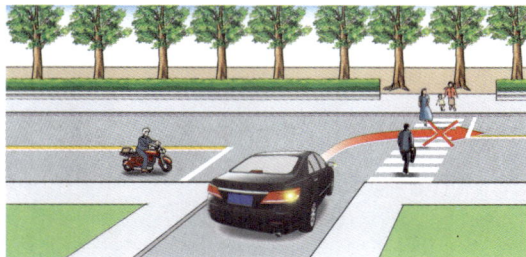

尽量让行人和非机动车先行。

（3）安全礼让儿童。

行车中遇列队横过道路的学生时，应当停车让行。遇到在路中玩耍的儿童时，应提前鸣笛，减速行驶，必要时停车礼让。行车中突然有皮球滚到路上，应立即减速，随时准备停车，以防碰撞到追逐皮球的儿童。

（4）安全礼让老年人。

行车中遇到缓慢横过道路或在路边行走的老年人，要提前降低车速，距离较近时要及时停车让行，切不可采取加速绕行或连续鸣笛催促的方法通行。

（5）安全礼让行动不便的行人或残疾人。

行车中遇到行动不便的行人横过道路时，要及时减速或停车礼让。遇盲人通行时，应及时减速避让，不要鸣笛示意其让路，也不可采取加速绕行的方法通过。遇到对鸣笛声毫无反应的聋哑人，应减速慢行，在确认安全的情况下绕行通过。

（6）安全礼让非机动车辆。

非机动车主要有自行车、电动自行车、人力车、畜力车，新兴的还有独轮平衡代步车，滑板代步车等，这些非机动车普遍稳定性差，有的速度还很快，而且不同的人使用时还表现出不同的动态特点。因此行车中应时刻注意避让非机动车，具体情形见表4-8。

遇非机动车情形	机动车安全礼让方式
经过非机动车道通行	避让非机动车，车速不超过30km/h
非机动车抢道	主动减速让行
非机动车影响通行	提前鸣笛，减速观察，保持安全距离
老年人骑自行车	提前鸣笛，减速或停车避让
成群青少年骑自行车并排占道行驶	提前鸣笛，减速慢行，随时准备停车；超越时注意观察，保持安全距离，从左侧绕行
夜间遇非机动车对向驶来	提前改用近光灯，减速避让
遇人力车	减速慢行，保持安全距离
遇畜力车	在较远处鸣笛，提前减速
遇牲畜（畜力车）突然横穿、抢道	主动减速慢行，必要时停车避让

3 不同行驶状态下的安全行车

1 跟车

跟车行驶中应注意观察前车车速和制动灯的变化，严格控制行驶速度，与前车保持当前行驶车速对应的距离或者至少保持4s制动时间的安全制动距离。

根据车速判断安全距离。

小知识

掌握车距很重要，读秒规则很有效

方法：当前车经过一个比较明显的标志或固定物体时，开始默数"1001、1002、1003、1004"，当不慌不忙数完这4个数字，自车也正好到达这个明显标志或固定物体时，这个前后车之间的距离，就差不多是4s行驶的距离。如果在数完之前已经超越这个明显标志或建筑物，说明与前车安全距离还不够，跟车过紧。

在实际行车过程中，晴好天气下车速在60km/h以上时，要尽量注意保持4s的安全距离；车速为45～60km/h时，大约保持3s左右的安全距离；车速在45km/h以下时，只要保持2s的安全距离就可以了。当然，也要结合个人当前的驾驶能力、车辆和路面状况来决定跟车距离的长短。通过反复练习，驾驶员就能牢牢把握与前车的安全距离，当遇到必须紧急停车的情况时，就能判断出停车距离是否危险，并采取相应措施从容应对。

2 超车

超车前，驾驶员应全面观察道路交通情况，正确判断是否有足够的时间、空间完成超车动作。准备超车时，要与前车保持一定的安全距离，提前开启左转向灯、鸣笛，夜间还需变换使用远、近光灯示意，从前车的左侧超越。随时注意被超车辆动态，当与被超车拉开一定安全距离后，开启右转向灯，驶回原车道。

另外，超车应该选择道路宽直、视线良好、对面无来车且道路两侧均无影响超车的障碍物路段进行。以下情形禁止超车：行经平面交叉路口、铁路道口、隧道、窄路、弯道等危险路段，前车正在超车或者与对向来车有会车可能时。

驾驶途中若发现后车示意超车，在条件许可的情况下，应该及时减速靠右让行。

在前车准备超车时，切勿超车。

3 会车

会车应根据双方车辆及道路情况，合理控制车速，选择正确的交会点，靠道路右侧通行。弯道处会车，以道路中心线为界；没有划中心线的，以道路的几何中心线为界，保持一定的横向安全距离。会车地点有障碍物时，应有障碍的一方让对方先行。山区道路会车，应让不靠山体一侧的车辆先行。在窄桥、坡道、隧道、涵洞处会车，要低速慢行，有让车条件的一方让对方先行。会车前发现交会位置不理想时，及时减速或停车让行，不得盲目会车。

优先让对方车辆先过。

4 变道

车辆变道前，驾驶员要通过后视镜观察道路两侧及后方道路交通情况，充分考虑各种危险因素，选择正确的时机变道。确认可以变道时，提前开启转向灯，注意观察要变入车道内的车辆通行情况，在确保安全的情况下，完成变道，不可迅速转向驶入相应的行车道，防止乘客晕车或者货物散落。车辆变更到所需车道后，要关闭转向灯。

5 掉头

车辆掉头应选择视野开阔、路面条件好、交通流量小、不影响其他车辆、行人正常通行的地点进行。掉头时，严格控制车速，提前开启左转向灯，按交通标志、标线、信号灯的指挥实施掉头。不能一次完成掉头时，每次前进或倒车过程中，都要认真观察车辆后侧及两侧道路的交通情况，充分考虑车辆的前后两端距障碍物的距离，以防发生意外。严禁在人行横道线、铁路道口、窄路、弯路、桥梁、隧道、涵洞和有禁止掉头标志的路段掉头。

6 停车

车辆靠边停车，需提前开启右转向灯向后车示意，观察路边情况，按顺行方向靠道路右侧停车。停车前，驾驶员要判断车身与路缘石之间的距离，方便乘客下车，在乘客推门下车时，注意车旁的行人和非机动车动态，如有情况及时告知。待乘客下车完毕后，目送乘客到达安全区域，再起步。夜间以及雨、雾、雪天、发生故障或事故停车，要开启危险报警闪光灯、后位灯、示廓灯。

起步、停车时的安全注意事项

7 倒车

倒车前，驾驶员应下车检查车辆的视线死角部分，进行安全确认，提防各种不安全因素。倒车过程中应保持较低的速度，注意观察后视镜，发现影响倒车的障碍物、行人或其他情况，要及时避让或停车观察，确保倒车安全。

二 复杂天气和特殊路段的安全行车要求

1 复杂天气的安全行车要求

1 雾天行车

雾天，由于能见度降低，驾驶员的视距缩短、视野变窄、视线模糊，行驶中很迟才能看到前方障碍（行人、慢行车、故障车、事故车、凹坑等），极易发生交通事故。行驶中，应及时开启前雾灯及示廓灯，不能开启远光灯，降低车速，适当鸣笛引起其他车辆和行人注意。听到对方车辆鸣笛，应及时鸣笛回应。跟车行驶要与前车之间保持更大距离，遇有浓雾能见度在5m以内时，应选择在安全地点停车等待雾散。

雾天行车的安全注意事项

雾天行车要打开前后雾灯和示廓灯！

2 雨天行车

雨天行车，应开启前照灯、示廓灯、后位灯，控制行车速度，避免发生"水滑"而导致车辆失控，发生横滑或侧滑。会车时，尽量保持较大的横向间距，纵向跟车距离要保持在干燥路面的1.5倍以上。减速时，避免使用紧急制动，以防车辆发生侧滑。

雨天行车的安全注意事项

雨天容易形成涉水路段。经过时，应先停车观察，确认安全后，低速通过。车辆涉水后，反复间断轻踩制动踏板，以恢复制动效果。遇暴雨，使用刮水器也无法保障正常观察时，应立即减速靠边停车。

注意减速，耐心避让！

3 雪天行车

在冰雪道路上行车时，车辆附着力变小，易发生车轮空转或溜滑。在冰雪路上起步时，猛踩加速踏板会导致驱动轮滑转。要避免加速过急造成打滑现象，尽量利用挡位和加速踏板控制车速。减速、停车时踩踏制动踏板要轻柔，以免车辆侧滑。有车辙的路段应循车辙行驶，若积雪覆盖到车辙难以辨别时，应根据道路两旁的树木、电杆等参照物判断行驶路线。遇前车正在上坡时，应该在坡底选择适当的地点停车等候，待前车通过后再上坡。遇大雪天或大面积结冰时，应该寻找安全地点停车。

在冰雪道路上超车，在条件许可的情况下，应适当增大横向间距，确保安全。

选择其他车辆的行驶车辙缓慢行驶!

4 高温天气行车

夏季天气炎热,驾驶员易瞌睡,当感到视线模糊、反应迟钝时,应及时停车休息。行车中,注意检查仪表胎压,水温表变化情况。发现胎温、胎压过高时,应选择阴凉处停车停息,使轮胎自然冷却恢复正常。清晨和傍晚通过市区、村镇时,要注意外出散步和纳凉的行人,随时做好停车准备。

5 大风(沙尘)天气行车

行车中遇到大风(沙尘)天气,应尽快关闭车窗,防止尘土吹入眼睛。沙尘天气光线暗淡影响观察时,应开启近光灯、示廓灯、后位灯,必要时开启危险报警闪光灯。同时,能见度低时,应控制好车速,尽量减少超车次数或不超车。在城市道路遭遇大风、沙尘天气时,驾驶员应提高警惕,提防行人、非机动车辆突然进入机动车道,谨慎避让,随时做好制动停车的准备。

车辆行驶中遇到横风干扰时,驾驶员要紧握转向盘,保持方向,并缓慢降低车速,减小横风的影响。

6 夜间行车

夜间行车,驾驶员应对车辆照明系统做全面的检查,如有故障,需在修复之后才可上路行驶。在没有照明的道路上行驶,应随时注意灯光变化规律:灯光投射距离由远变近,表明汽车驶近或驶入上坡道;灯光投射距离由近变远,表明车辆由陡坡进入缓坡或开始下坡;灯光离开路面,表明前方可能出现急弯、大坑或正驶上坡顶;灯光由路中移向路侧,表明前方出现一般弯道。注意地面对光亮的反射,牢记"走灰不走白,遇黑就停车"。因为夜间路面为灰白色,水面因光线折射为白色;若发现前面道路突然变黑,就可能有深坑或是急转弯,应减速或停车察明情况后通过。

夜间会车应距对向来车150m之外将远光改为近光。若遇对向车辆使用远光灯,应及时减速,变换灯光提醒,必要时停车避让,切勿赌气。若双方都打开远光灯,这样会使两车灯的交织处形成盲区,导致两车驾驶员无法观察会车情况而引发交通事故。

夜间应避免长时间驾车,驾驶员行驶一段距离后需停车休息一段时间。

夜间行车的安全注意事项

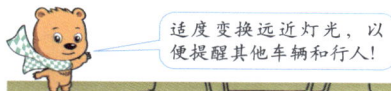

适度变换远近灯光,以便提醒其他车辆和行人!

2 特殊路段的安全行车要求

1 隧道

驾驶车辆进入隧道前应减速,开启前照灯、示廓灯,注意隧道入口处的交通信号。进入隧道后适当增加安全距离，严禁停车、倒车、掉头和超车，当车辆出现故障需要临时停车时，应该选择专门的避险区停车，并在来车方向适当位置安放警告标志。驶出隧道时，同样应降低车速，双手握稳转向盘，以防出口处的横向来风和横穿道路的行人。

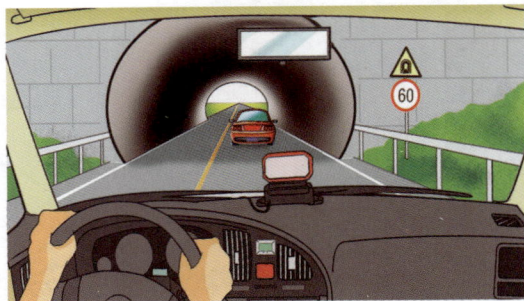

小知识

暗适应与明适应

从光亮处进入黑暗处，开始一切都看不见，经过一段时间才逐渐看清轮廓，这是暗适应现象。相反，从暗处进入光亮处，也会出现什么也看不清的一瞬间，几秒至几十秒后才能看清物体，这是明适应现象。一般情况下，暗适应需过渡5～15min，完全适应需要大约30min；明适应需要数秒至1min。车辆进入隧道和驶出隧道，驾驶员都将经历明适应和暗适应过程。因此，进出隧道都要减速，待眼睛适应后再转入正常车速行驶。

2 山区道路

驾驶前，驾驶员应提前了解山区道路的气象条件，确保车辆各部机件技术性能完好，特别是制动、转向性能。上长坡时，应注意冷却液温度，若出现冷却液温度过高的情况，立即选择安全的区域停车降温。下坡行驶，严禁空挡、熄火滑行。下长坡时，要充分利用发动机牵阻力控制车速。不能连续频繁使用行车制动器，这样会使制动器温度升高，导致制动效果急剧下降。一旦发现制动器效能减弱或温度过高，要及时停车进行自然降温。

雨季或暴雨后行经山区路段，要防止路基松塌，当要通过泥石流、塌方等危险路段时，应该提前停车观察，在确认安全后尽快通过。

3 高速公路

进入高速公路前，驾驶员要做好充分的准备。检查车辆的燃油余量、机油量和轮胎气压等安全状况，了解天

不同道路下的安全行车注意事项

气状况、道路拥堵等信息，提前规划好行车路线。

高速公路入口加速车道、出口减速车道、收费站、服务区、施工道路等路段车

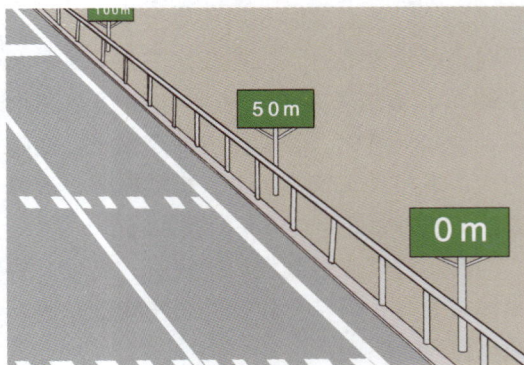

出租汽车驾驶员从业资格考试全国公共科目培训教材（第二版）

流速变化大，异常情况频发，驾驶员应提前防范这些风险。进入高速公路后，由于车速较快，所以应注意保持安全距离。正常情况下，当车速为100km/h时，纵向安全距离应达到100m以上。

高速公路禁止违法停车或上下乘客。因故障被迫在紧急停车道停车时，驾驶员应开启危险报警闪光灯，告知乘客目前的状况，组织乘客到护栏外等待救援，并在车后150m以外的放置警告标志。

在高速公路上长时间行驶后，驾驶员对车速的感觉会变得迟钝，需要通过间断性地查看车速表来确认车速。轮胎也容易因升温随之气压升高而引发爆胎。所以，驾驶员每行驶一定里程后，应该对车轮进行安全检查。高速公路的出口众多，行驶过程中要注意空中的出口预告标志。如果错过了出口，不得倒车，应从下一个出口驶出。

④ 桥梁

经过跨江、跨海大桥时，易遭遇横风，驾驶员应该双手握稳转向盘，合理控制车速并与并行车辆保持安全横向间距。行驶在窄桥上应尽量避免会车、制动、停车，行驶速度必须按交通法规要求控制在30km/h以下。通过立交桥时，驾驶员要随时观察指路标志，选择在对应的车道内行驶，以免错过出口。通过吊桥、浮桥、便桥时，如果无人指挥，应下车查看，确认没问题后，再行通过。若遇桥上横风，应提前减速，紧握转向盘并慢慢修正方向，不可猛打方向和紧急制

动。气温较低时，进入桥梁要谨慎慢行，防止桥面结冰引起车辆侧滑。

⑤ 城市道路

驾驶员在城市道路上行驶要控制好自身情绪，做到礼让三先，即："先慢、先让、先停"。当行至人车密集场所时，应该留意建筑物、树木及其他车辆前后位置是否有行人横穿，保持低速慢行，随时准备制动。

路况复杂，要谨慎驾驶！

⑥ 乡村道路行车

乡村道路行车，遇行人、人力车、农用车、摩托车等不按规定通行时，应调整好心态，主动让行或者耐心停车等待。遇到畜力车或大群牛羊占道或在路边行走，应保持一定距离或停车让行，不应采取反复鸣笛、突然加速等措施。遇摊位边有人回头或招手，要预防其突然转身横穿道路，同时还要注意道路对面情况，以防有人从路的对面横穿。经过晒粮占道的路段，应尽可能在没有粮食的路面行驶。

过桥时，要注意行车速度！

7 城乡接合部

进入城乡接合部，驾驶员要考虑到各种危险因素，控制好车速，注意观察路边的行人、非机动车、农用运输车、大型货车、路边的摊位、牲畜等情况，时刻提防各种动态的异常变化。

8 铁路道口

驾驶车辆通过无人看守的铁路道口，要做到"一停、二看、三通过"。通过路口前停车观察路口内的情况，确认无列车通过，再安全平稳通过；遇道口前方堵车时，应在道口外依次等待，顺序通过。

一停、二看、三通过。

9 泥泞道路

通过泥泞路段时，应选择坚实、滑溜小的地方，用均匀中速或低速一气通过，避免中途变速、制动、转向和停车。若泥泞较深，可循前车轮迹行进。陷入泥泞路段车轮空转打滑时，应在驱动轮下铺垫砂石或草木后再通过。

稳住加速踏板、匀速缓慢通过。

紧握转向盘

10 涉水路面

涉水行驶前，要仔细查看水的深度、流速和水底情况（有无深坑、凸起和尖锐物等）及进、出水域的宽窄和道路情况，判断是否能安全地通过。如果存在通行危险，应放弃涉水，改道行驶。必须通过涉水路段时，选择距离最短、水位最浅、水流缓慢及水底最坚实的路段通过，对关键电器、线路进行防水保护。涉水时，挂低挡、低速、平稳驶入水中，避免猛踩加速踏板，防止水、泥沙溅入发动机而熄火。行驶中要稳住加速踏板，保持汽车有足够而稳定的动力，避免中途停车、换挡或急转弯。行进中尽量注视远处的固定目标，双手握住转向盘直线前进。此外，涉水路段遇对向来车欲通过时，应耐心等待其通过后再通过。

涉水前应察看水深。

多车涉水时，不可同时进入涉水路面，应待前车到达对岸后，才可进入，以防前车因故障停车，导致进退两难。车辆进水突然熄火时，切忌在水中再次起动车辆。应将车辆移至干爽路面，对车辆进行检查，再起动车辆。车辆涉水后，应及时检查车辆关键部位是否进水或被其他物体堵塞，并轻踩几次制动踏板，确保制动性能良好。车辆涉水后，在干燥路面使用半联动使离合器摩擦片干燥，防止生锈。

模块四　车辆突发情况处置

交通事故的发生，往往是因突然情况所致，这就要求驾驶员应具备良好的心理素质和掌握一定的应急驾驶技术，以便在遇到险情时能临危不惧，冷静地采取恰当的有效措施，从而化解或减轻事故的危害程度，减少人员伤亡及财产损失。

一　突发情况处置的原则

在行车途中会遇到各种紧急事态，若能避让得当，可以避免或减轻事故所造成的危害，反之，则可能会加重事故的危害和损失。为了防止因避险失当而加重事故的后果，在处理紧急事态时应遵循以下原则。

1 沉着、冷静

当险情出现时，驾驶员应尽量保持沉着的心态、清醒的头脑、镇定的情绪，切勿惊慌失措，利用最短的时间，做出准确的判断，采取正确的措施，把事故损失减少到最小的程度。

2 减速、控制方向

根据实际情况在减速和控制方向这两种操作之间进行选择。

（1）重方向，轻减速。若发生险情时车速较慢，在道路交通条件允许的前提下，应先控制方向，避让障碍，避免碰撞，同时采取必要的措施减速或停车。

（2）重减速，轻方向。若发生险情时车速较快，切勿猛打方向避让，否则极易造成倾翻事故，应尽可能采取措施减慢车速，减轻碰撞损失。只有在减速后仍然不可避免在要相撞时，才采取控制方向的措施，选择较轻的碰撞方式。

3 先人后物

在行车过程中，不管发生任何险情，采取任何避险措施，驾驶员首先要保障人的生命安全。

> 紧急情况下，应遵循先人后物、就轻处理的原则。

4 就轻处置

当事故不可避免时，做到避重就轻，选择事故较轻、危害较小、损失较少的方式进行处置。

二　常见突发情况处置

1 转向失控

（1）转向失控可能的原因有：

①转向系出现机械故障；

②因路面有油污、冰雪或者泥泞路面导致路面湿滑；

③制动时前轮抱死。

（2）应对措施：

在车速较慢时转向失控，驾驶员应立即松抬加速踏板，踩下制动踏板平稳停车；车速较快时遇险，如果车辆没有安装ABS，驾驶员需要连续间断轻踏制动踏板，利用"点刹"的方式来进行制动直至停车；如果车辆装有ABS，可以采用紧急制动方式，在ABS辅助下使车辆尽快减速，以避免或减轻碰撞事故。

出租汽车驾驶员从业资格考试全国公共科目培训教材（第二版）

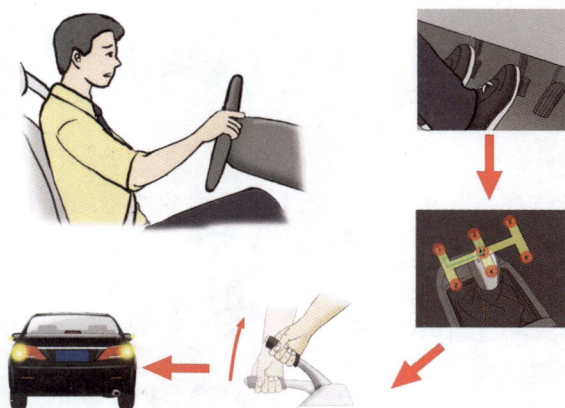

小知识

转向不足和转向过度的处理方法

（1）转向不足：入弯速度过快时，易出现转向不足，即车头向弯外滑动，车辆不能按驾驶意图沿前轮指向行驶的现象。处理方法是：首先松开加速踏板，然后略微回正转向盘，在转向与回正间不断调整，但切忌过大，以不超过车轮正常行驶位置为限。必要时可轻踩制动踏板减速，配合方向修正。

（2）转向过度：指由于车辆速度过快，转向过猛，导致车尾向前甩动，出现掉头打转的倾向的现象。处理方法是：松开加速踏板，轻柔而迅速地反打转向盘，必须回正过中线，配合制动降低车速。

2 制动失灵

（1）制动失灵可能的原因有：

①汽车严重超载；

②制动系统管线破裂；

③制动摩擦片磨损严重；

④制动踏板自由行程间隙过大。

（2）应对措施：

如果发生制动失效，应立刻开启危险报警闪光灯，紧握转向盘，同时可反复踩踏制动踏板尝试恢复制动能力。若不能恢复制动能力，可利用发动机制动或驻车制动器减速停车，如果一次拉紧驻车制动器，容易将驻车制动盘"抱死"，损坏传动机件，丧失制动力。

在长下坡发生制动失灵时，可利用避险车道停车。避险车道是指在长陡坡下坡路段行车道的外侧增设的、供失控车辆驶离正线

并安全减速的专用车道。避险车道一般为上坡车道，表面铺满沙石或松软沙砾，以起到制动作用。

在不得已的情况下，可用车身碰擦山坡、护栏等障碍物，迫使车辆减速。在应急处置时，驾驶员应遵循"先避人，后避物"的原则来处理。

啊！制动失灵了！

3 车辆侧滑

（1）车辆侧滑可能的原因有：

①在附着力较小的路面紧急制动、猛加速或猛打方向；

②由机械故障引起。

注意控制好行驶方向，防止车辆打滑！

（2）应对措施：

如果是因紧急制动引起的侧滑，应握紧转向盘，松开制动踏板，不要再继续制动，以减小侧滑力度。同时将转向盘转向与车辆侧滑的同侧来进行修正以制止侧滑。

4 车辆倾翻

（1）车辆倾翻可能的原因有：

①车辆超限、超载；

②高速行驶时，驾驶员急打转向盘；

③急弯路段车速过快。

（2）应对措施：

①双手紧握转向盘，尽力在握住转向盘的同时稳定身体；

②双脚脚背用力勾住驾驶室下方的踏板，稳定下肢；

③口齿紧闭，避免在身体遭受撞击时咬到舌头；

④背部紧靠座椅靠背，尽力依靠座椅稳住身体。

小知识

车辆倾翻时的跳车方法

若车辆倾翻，并且驾驶员感到身体将要被抛出车外时，可以在确保安全的情况下选择跳车。跳车时，驾驶员应该选择与车辆翻滚的相反方向，以避免被碾压到。

向翻车的相反方向跳出！

---

5 发动机熄火

（1）发动机熄火可能的原因有：

①发动机相关器件故障；

②发动机的油路、电路出现故障；

③燃料已耗尽。

（2）应对措施：

迅速打开危险报警闪光灯，尽力稳住转向盘，稳定车辆行驶路线。可反复扭转点火开关，尝试重新起动发动机；如无法重起，应利用车辆行驶的惯性，将车缓慢行驶至道路最右侧并尽快停车。安全停车后，检查发动机熄火的具体原因，及时排除故障或等待救援。

6 车辆行驶中轮胎爆胎、漏气

（1）导致轮胎爆裂可能的原因有：

①机动车严重超载；

②道路路面条件恶劣；

③轮胎过度磨损或有裂口；

④轮胎气压不当或轮胎温度过高。

（2）应对措施：

驾驶员应保持镇定，紧握转向盘，在极力控制方向的同时松抬加速踏板，利用"抢挡"或者间断踩踏制动踏板的方法来减速，并尽量将车驶入应急车道或者路边不妨碍交通的地方。平稳停车后，开启危险报警闪光灯警示其他车辆。

双手紧握转向盘

轻踏制动踏板，禁止紧急制动

7 车辆发生碰撞

车辆发生碰撞可能的原因是行驶时突遇障碍物无法避让、车辆出现机械故障而无法控制，或者是因为驾驶员出现操作失误或违法驾驶行为。

根据不同的碰撞位置，碰撞形式大致分为4类：刮蹭碰撞、侧面碰撞、正面碰撞、追尾碰撞。

（1）刮蹭碰撞。出现刮蹭碰撞时，驾驶员应适量修正转向盘，尽可能使车身与撞击物平行，利用车身侧面来刮蹭吸收撞击力，并且迅速踩踏制动踏板减速停车。如刮蹭位置在车身左侧，在踩下制动踏板、稳住方向的同时，驾驶员应尽量将身体向车内倾斜，避免车门变形导致驾驶员受伤。

（2）侧面碰撞。如果撞击部位在车辆右侧或撞击力度较小，驾驶员可两臂略微弯曲，以避免肘关节受伤，同时双手握紧转向盘，身体向后紧靠座椅靠背，尽量保持身体稳定，以避免身体过度晃动导致头部撞击风窗玻璃或车内其他坚硬地方。当撞击方向在左侧、力度较大且无法避免时，驾驶员应该迅速将身体往驾驶室右侧偏移躲避，同时抓住车内的坚固物体，以便控制住身体，避免较大损伤。

（3）正面碰撞。行车中与其他车辆或障碍物不可避免地要发生正面碰撞时，应迅速紧急制动、减小撞击力度，以减轻伤害。如果车速较快，撞击力大，在碰撞瞬间，驾驶员应迅速松开转向盘，抬起双腿，身体向右侧副驾驶位置躲避，避免车身变形和玻璃碎裂导致身体受到严重伤害。

（4）追尾碰撞。被其他车辆不可避免地追尾碰撞时，做出科学合理的避险动作非常关键。平日驾驶车辆时，头枕就应该固定到合适的高度，当猝不及防时，才能正好承托起整个后脑的冲击。当追尾不可避免时，身体和后脑应该紧贴在座位和头枕上，保证冲击的力量平均传递给整个身体，降低撞击力对头部和颈部造成的伤害。

8 车辆落水

驾驶员应在车辆落水的第一时间做好逃生准备，在水没有没过车窗时，迅速打开车窗逃生。如果车辆落水时车头往下坠、车辆出现倾斜，此时，可以打开其他未被水淹没的车门进行逃生。当车门、车窗不能正常打开时，可以使用破窗锤或车内的坚硬物品砸碎车窗玻璃，快速逃出车外。

请不要慌，准备深呼吸，我来打碎车窗。

出租汽车驾驶员从业资格考试全国公共科目培训教材（第二版）

模块五　自我安全防范

出租汽车运营具有流动性、分散性及服务对象不特定性等特点，容易成为犯罪分子侵害的目标。驾驶员必须要保持高度警惕，防范违法犯罪活动，维护国家、集体利益，保护自身及乘客的人身和财产不受侵犯。

一　针对出租汽车的违法犯罪形式

针对出租汽车的违法犯罪形式多样，严重影响了出租汽车行业的正常秩序。犯罪形式主要以抢劫、抢夺、盗窃和诈骗为主，作案地点主要在市内偏僻、行人稀少的地方或城乡接合部、城中村，作案时间大多在20时至凌晨4时之间。

1　抢劫

多发生于夜间偏远地区，以暴力或威胁等手段，抢劫司机随身财物或车辆，少部分案件会形成故意伤人、故意伤害、强奸等后果。

2　抢夺

多发生于乘客下车时，趁司机不备或结束行程之机，突然动手抢夺放置于挡杆、手套箱、仪表盘、仪表台、储物格等处的手机、手包或较为贵重的财物，并快速下车逃离。

3　盗窃

针对出租汽车的盗窃案件，主要分为两类：一是停放车辆期间，盗窃车辆或撬盗车内财物；二是运营中盗窃车内财物（以盗窃副驾驶面前手套箱内财物为主，犯罪分子多为坐在副驾驶位置的乘客，如果其将报纸展开或者将背包放在手套箱前面，要提高警惕）。

4　诈骗

多发生于运营过程中，乘客上车后以有急事未带现金、手机没电等借口，向司机借用现金、手机救急，并编造各种理由下车，而后一去不返。

犯罪分子施计将驾驶员调离车厢，然后迅速发动汽车将车劫走，也是属于诈骗行为。

二　出租汽车防范措施

为了保护出租汽车驾驶员的生命和财产安全，必须采取有效的技术防范措施，安装符合国家相关规定的、具有行驶记录功能的车辆卫星定位装置、应急报警装置以及具备固态存储、无线传输、车内外影像监控功能的行车记录装置。　车载卫星定位装置是有效的遇劫报警和防盗装置，具有报警快、定位准的特点，可以实施远程监控。车载卫星定位装置的防劫功能是：当驾驶员遇险触动报警开关时，监控中心可以迅速收到报警信息，电子地图会显示报警车辆具体位置并上传照片；监控人员会连续抓拍车内照片，观察车内情况，并拨打报警电话。

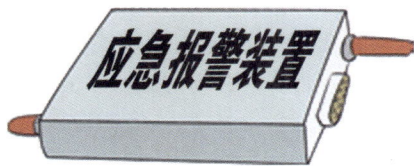

应急报警装置

小知识

应急报警装置使用注意事项

应急报警装置是基于车载卫星定位装置的报警按钮。当出租汽车驾驶员遭受侵害和干扰时，为保障自身人身和财产安全，驾驶员可以按下报警按钮，这时调度中心立即进入预警状态并报警，协助驾驶员脱身或远离危险区域。使用应急报警装置时的注意事项有：

（1）始终保持车载卫星定位装置和报警器联动有效，与调度中心连接畅通。

（2）搭载乘客至地下停车场或信号盲区等治安重点防范区域时应提高警惕。

（3）乘客上下车尽量不要在信号盲区（地下停车场除外）。

三 驾驶员防范措施

出租汽车治安防范最有效的措施是增强驾驶员的自我防范意识，将安全防范工作落实到整个运营过程当中。

1 提高驾驶员防范水平

（1）驾驶员要参加防劫培训或自学防劫知识，掌握应急报警装置使用方法和遇劫处置方法。

（2）运营前，要检查防护装置是否牢固有效，报警装置是否完好有效。

（3）驾驶员要在乘客上车前观察乘客携带什么物品，判断是否有藏匿作案工具或危险器的可能。对乘客提携包装严密又无特征的行李，驾驶员要主动帮助提拿、安放，并询问试探，如乘客坚决拒绝帮助且神色紧张、语无伦次，则应小心预防。

（4）乘客上车后，先问话、看神态、识劫匪。乘客有以下几种情况时要特别警惕：①目的地不固定，频繁变化地点；②宣扬显赫身份，但其衣着、举止又与身份不符；③沉默寡言、举止诡秘、神色紧张，口袋或包中有硬物。

（5）夜间承揽去往偏僻或郊区的业务时，尽可能选择光线较好或行人、车辆来往较多的路段行驶。承揽跨省、市或县的业务时，应向出租汽车经营者报告，并按规定办理相关登记手续。

（6）夜间或在偏僻地方，尽可能选择光线较好或较为热闹的地方停车。停车开票时，要注意观察，如果乘客下车到驾驶员窗外付费，则要关闭车门锁，车窗玻璃不用开大。对未付车费就离车而去的乘客，必须予以提防，做好应变准备。

（7）车辆在加油或出现故障时，如果驾驶员需要离开车辆，一定要锁好车门并带上随身财物。车辆停驶后，最好停放在安全地点，尽量不要停放在路边，并将财物随身带走。犯罪分子多采用砸碎车窗玻璃的方法盗窃财物，甚至盗窃车辆，因此在出租汽车上应该安装防盗报警装置。

（8）见到其他车辆发出求救信号时，应当赶往协助，并迅速报警。

2 抢劫发生时的防范方法

发生抢劫事件，驾驶员要沉着冷静，巧妙处理险情，注意保护自身和乘客的安全，尽量不要与歹徒发生正面冲突，切不可惊慌失措。

1 临危不惧

发生抢劫时，驾驶员一定要冷静、临危不惧，观察周围环境，随机应变，及时启动报警装置。如果行车中遇到警察或警车，要设法做出能引起警察注意的举动，如违章行驶、突然停车等。

遇到抢劫时，应快速启动应急报警装置。

2 快速反应

通过犯罪分子的言行和自己的观察分析，判明犯罪分子的真实企图是抢钱还是劫车。在财产和生命安全面前，应当首先考虑生命安全。如果劫匪人数多，停车地方又偏僻，弃车保全生命、牢记犯罪分子体貌特征、保存好相关证据、及时向公安机关报案是上策。

❸ 把握时机

犯罪分子劫车一般在停车后下手，驾驶员发现有劫车企图时，不要轻易停放，也不要轻易下车，尽可能将车开到机关、厂矿、学校、居民区等人多繁华地区停车，夜间要开到路灯下停放。

模块六 危险品的识别与处置

一 常见危险品的种类及其特性

目前，关于危险货物的技术标准主要有《危险货物分类和品名编号》（GB 6944—2012）和《危险货物品名表》（GB 12268—2012），前者规定了危险货物的分类和编号，后者规定了危险货物品名表的一般规定和结构，以及危险货物的编号、名称和说明、英文名称和项别、次要危险性及包装类别等内容。两项国家标准适用于危险货物的运输、储存、生产、经营、使用和处置。按危险货物具有的危险性或最主要的危险性将其分为9个类别。

（1）爆炸品。包括爆炸性物质、爆炸性物品和为产生爆炸或烟火实际效果而制造的上述2项中未提及的物质或物品。常见的爆炸品包括火药、炸药及起爆药、火工品及引信、烟花爆竹等。辨识方法：呈管状、棒状、弹状、弹丸状、七孔状和环状等。

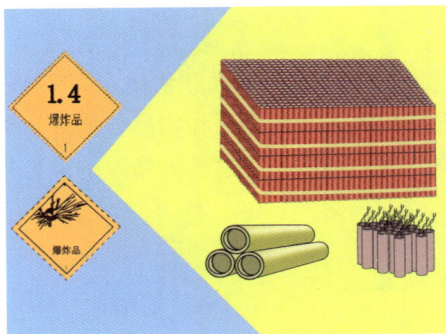

（2）气体。包括易燃气体、非易燃无毒气体和毒性气体。常见的压缩气体和液化气体包括氧气、氢气、液氯、液氨、乙炔、液化天然气等。其主要危险性是容易产生容器破裂甚至爆炸，以及由于气体物质本身的化学性质引起的危险。辨识方法：通常为钢瓶盛装。

（3）易燃液体。包括易燃液体和液态退敏爆炸品。常见的易燃液体包括苯、二硫化碳、汽油和油漆类等。辨识方法：驾驶员可通过气味辨别出来。

（4）易燃固体、易于自燃的物质、遇水放出易燃气体的物质。常见的易燃固体和自燃物品包括红磷及磷的硫化物、硫黄、

黄磷、油浸的麻、棉、纸及其制品等。常见的遇湿易燃物品包括钠、钾等碱金属和电石等，如电石遇水会放出易燃气体。辨识方法：赤磷为紫红色，无定型正方板状结晶或粉末。硫黄为黄色晶体，性脆，易研成粉末。黄磷（俗称白磷）为黄色或白色，半透明蜡状固体，类似韭菜气味。

（5）氧化性物质和有机过氧化物。常见的氧化剂包括硝酸钾、氯酸钾等。有机过氧化物包括苯甲过氧化物和过氧化甲乙酮等。辨识方法：过氧化氢（俗称双氧水）为无色，浆状液体。硝酸钾（俗称钾硝石、火硝）为无色透明晶体和粉末。

（6）毒性物质和感染性物质。包括经吞食、吸入或皮肤接触后可能造成死亡或严重受伤或健康损害的物质，以及含有病原体的物质，包括生物制品、诊断样品、基因突变的微生物、生物体和其他媒介，如病毒蛋白等。辨识方法：氢氰酸及其盐（氰化钾、氰化钠）为无色伴有轻微的苦杏仁气味的液体；砷及其化合物（砒、砒霜）为灰色金属状晶体。

（7）放射性物质。含有放射性核素且其放射性活度浓度和总活度都分别超过《放射性物质安全运输规程》（GB 11806—2004）规定的限值的物质。

（8）腐蚀性物质。通过化学作用使生物组织接触时会造成严重损伤，或在渗漏时会严重损害甚至毁坏其他货物或运载工具的物质。常见的腐蚀性物质包括硫酸、硝酸、盐酸和氯化氢、氯磺酸和氢氧化钠等。

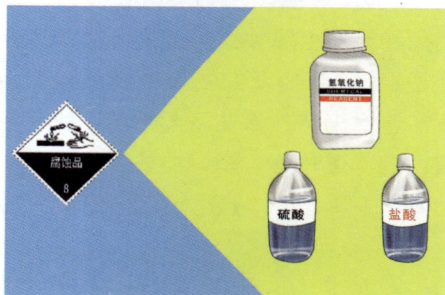

（9）杂项危险物质和物品。具有其他类别未包括的危险的物质和物品，如危害环境物质、高温物质和经过基因修改的微生物或组织。

二 处置方法

1 耐心劝导

遇到乘客携带危险品乘车，出租汽车

驾驶员应当告知乘客，不能携带危险品乘车，可通过将危险品交由有相应运输资质的单位托运等方式自行处理，否则可能引发安全事故，存在安全隐患，不仅给自己带来安全风险，也可能影响社会公共安全。特别是在节假日期间，乘客往往会携带烟花爆竹等危险品，驾驶员应该耐心细致的向乘客做好解释工作，避免由此引发矛盾纠纷。

遇携带危险品乘客的应对方法

2 拒绝提供营运服务

如乘客既不同意将危险品自行处理，又执意要携带危险品上车，出租汽车驾驶员有权拒绝提供运营服务。

3 终止营运服务

如出租汽车驾驶员在运营过程中发现乘客携带危险品，应首先将车辆停放在安全的位置，告知乘客随车携带危险品的危害性，由乘客将危险品及时进行处置；如乘客执意要携带危险品继续乘车，出租汽车驾驶员有权终止运营服务。

4 向有关部门报告

对于发现乘客携带危险品可能造成社会危害的，出租汽车驾驶员应当向所在地公安部门，配合公安机关打击相关违法行为。如果出租汽车驾驶员未及时劝阻乘客禁止携带危险品乘车，提供了危险品运输服务，公安机关可根据《中华人民共和国治安管理处罚法》第三十条，对相关人员处10日以上15日以下拘留；情节较轻的，处5日以上10日以下拘留。对于由此造成的乘客的人身和财产或者对承运人的财产损害，驾驶员还应负赔偿责任。

练习题

安全运营（140题）

一、判断题（60题）

1. 变更车道前，确认后方无来车时可以不开转向灯变道。　　　　　（×）

2. 出车前，应检查冷却液、发动机机油、燃油等是否有渗漏现象。　　（√）

3. 行车前应对机动车驾驶室、发动机舱、车外部、轮胎进行检查。　　（√）

4. 汽车的专用备胎可作为正常轮胎长期使用。　　　　　　　　　　（×）

5. 驾驶机动车在雨天起步前要使用刮水器。　　　　　　　　　　　（√）

6. 出租汽车驾驶员安全防卫的基本原则概括起来有两条：一是敢于斗争，二是不怕牺牲。　　　　　　　　　　　　（×）

7. 机动车在路边起步后，应随时注意机动车两侧道路情况，向左缓慢转向，逐渐驶入正常行驶道路。　　　　　　　（√）

8. 驾驶机动车汇入车流时不能影响其他机动车通行。　　　　　　　　　　　　（√）

9. 预计在超车过程中与对面来车有会车可能时，应提前加速超越。　　（×）

10. 机动车通过急转弯路段时，在机动车较少的情况下可以超车。　　　（×）

11. 在道路上停车时要尽量避开坡道、积水、结冰或松软路面。　　　　（√）

12. 机动车倒车时，后方道路条件较好的，应加速倒车，迅速完成操作。　（×）

13. 机动车可以选择交叉路口进行倒车。　　　　　　　　　　　　　（×）

14. 夜间驾驶机动车在照明条件良好的路段可以不使用灯光。　　　　　（×）

15. 在行驶中，驾驶员在注意与前车保持安全距离的同时，也要谨慎制动，防止被后车追尾。　　　　　　　　　　（√）

16. 在道路上跟车行驶时，跟车距离不是主要的，只需保持与前车相同的速度，即

可防止发生追尾事故。　　　　　（×）

17. 在道路上行车时，安全跟车距离无需随着速度变化而变化。　　　　（×）

18. 行车中变更车道不需要提前开启转向灯。　　　　　　　　　　　（×）

19. 驾驶汽车通过连续弯道时，尽量靠弯道右侧行驶。　　　　　　　（√）

20. 驾驶机动车遇到骑自行车人占道影响通行时，可连续鸣笛，加速从其左侧绕行。　　　　　　　　　　　　　　　（×）

21. 驾驶机动车遇到成群青少年绕过路边停放的机动车时，要主动减速让行。（√）

22. 出租汽车驾驶员积极主动报案，有利于公安机关及时有力打击犯罪。（√）

23. 机动车行驶中遇有自行车借道通行时，可急促鸣笛示意让道。　　（×）

24. 驾驶员边驾车边打手持电话是违法行为。　　　　　　　　　　　（√）

25. 在正常行车中，尽量靠近中心线或压线行驶，不给对向机动车留有侵占行驶路线的机会。　　　　　　　　　　　（×）

26. 夜间驾驶汽车在急弯道停车时，要开启危险报警闪光灯。　　　　（×）

27. 在大雨天行车，为避免发生"水滑"而造成危险，要控制速度行驶。（√）

28. 雨天超车要开启前照灯，连续鸣笛，迅速超越。　　　　　　　　（×）

29. 在雨天湿滑路面行车要尽量避免紧急制动。　　　　　　　　　　（√）

30. 冰雪道路行车，由于积雪对光线的反射，极易造成驾驶员炫目。　（√）

31. 在冰雪道路上行车时，机动车的稳定性降低，加速过急时车轮易空转或溜滑。　　　　　　　　　　　　　　　（√）

32. 雪天行车时，在有车辙的路段要循车辙行驶。　　　　　　　　　（√）

33. 冰雪路面处理情况不能使用紧急制动，但可采取急转向的方法躲避。（×）

34. 大雾天气能见度低，开启远光灯会提高能见度。　　　　　　　　（×）

35. 雾天行车，可多鸣笛引起对向注意；听到对向机动车鸣笛，也要鸣笛回应。（√）

36. 如果遇到较强横风，感觉机动车产生横向偏移时，要握紧转向盘并紧急制动。　　　　　　　　　　　　　　　（×）

37. 机动车行至泥泞路段时，要停车观察，选择平整、坚实或有车辙的路段缓慢通过。　　　　　　　　　　　　　（√）

38. 泥泞路对安全行车的影响是车轮极易空转和侧滑。　　　　　　　（√）

39. 机动车在泥泞路段后轮发生侧滑时，要将转向盘向侧滑的相反方向缓转修正。（×）

40. 机动车涉水后，驾驶员要间断轻踩制动踏板，以恢复制动效能。　（√）

41. 漫水道路行车时，要挂高速挡，快速通过。　　　　　　　　　　（×）

42. 涉水驾驶要保持车速均匀有足够动力，避免停留。　　　　　　　（√）

43. 机动车在高速公路上发生故障或者交通事故，无法正常行驶的，可由同行机动车拖曳、牵引。　　　　　　　　　（×）

44. 机动车在高速公路上行车因疏忽驶过出口，可沿路肩倒车退回出口处。（×）

45. 在高速公路上，遇尾随较近行驶的机动车，可以选择时机迅速从中间插入。（×）

46. 驾驶员发现轮胎漏气，将机动车驶离主车道时，不要采用紧急制动，以免造成翻车或后车采取制动不及时导致的追尾事故。　　　　　　　　　　　（√）

47. 行车中当机动车突然爆胎时，驾驶员切忌慌乱中急踏制动踏板，尽量采用抢挂低速挡的方法，利用发动机制动使机动车减速。　　　　　　　　　　　（√）

48. 行车中当突然爆胎时，驾驶员要双手紧握转向盘，尽力控制机动车直线行驶。（√）

49. 装有转向助力装置的机动车，驾驶员突然发现转向困难，操作费力，要紧握转向盘保持低速行驶。　　　　　（×）

50. 高速行驶的机动车，在转向失控的情况下紧急制动，不会造成翻车。（×）

51. 当机动车已偏离直线行驶方向，事故已经无可避免时，应果断地连续踏制动踏板，尽量缩短停车距离，减轻撞车力度。（√）

52. 出现制动失效后，要首先控制方向，再设法控制车速。（√）

53. 高速公路行车发生火灾时，要将机动车驶进服务区或停车场灭火。（×）

54. 救火时不要张嘴呼吸或高声呐喊，以免烟火灼伤上呼吸道。（√）

55. 机动车落水后，只有在水快浸满车厢时，才有可能开启车门或摇下车窗玻璃逃生。（√）

56. 制动时前车轮抱死，会出现丧失转向能力的情况。（√）

57. 机动车在行驶中，遇雨雪天气向右侧滑时，要向左打方向，使其稳定。（×）

58. 危险化学品具有爆炸、易燃、毒害、腐蚀、放射性等特性。（√）

59. 驾驶机动车驶出隧道时，应注意明暗视力的变化，控制车速。（√）

60. 驾驶机动车在高速公路上行驶时不得倒车、逆行、穿越中央分隔带掉头或者在车道内停车。（√）

二、单选题（60题）

1. 驾驶员进入驾驶室前，首先要（A）。
A. 观察机动车周围情况
B. 不用观察周围情况
C. 开启车门直接上车
D. 注意观察天气情况

2. 使用已有裂纹或损伤的轮胎容易引起（B）。
A. 向一侧偏驶　　B. 爆胎
C. 转向困难　　D. 行驶阻力增大

3. 会车中道路一侧有障碍，双方机动车应让（C）。
A. 无障碍一方让对向先行
B. 速度慢的让速度快的先行
C. 有障碍的一方让对向先行
D. 速度快的让速度慢的先行

4. 超车时前方机动车不减速、不让道，驾驶员应（C）。
A. 连续鸣笛加速超越
B. 加速继续超越
C. 停止继续超车
D. 紧跟其后，伺机再超

5. 超车时，发现前方机动车正在超车，驾驶员应（D）。
A. 紧跟其后，伺机超越
B. 加速强行超越
C. 连续鸣笛催前车让路
D. 停止超车，让前方机动车先超

6. 驾乘人员下车时要怎样做以保证安全？（D）
A. 停车后立即开门下车
B. 观察前方交通情况
C. 先开车门再观察侧后情况
D. 先观察侧后情况，再缓开车门

7. 驾驶机动车怎样安全通过铁路道口？（B）
A. 换入空挡，滑行通过
B. 一停、二看、三通过
C. 加速、观察、快通过
D. 减速、观察、慢通过

8. 超车过程中被超车辆突然加速，驾驶员应（C）。
A. 加速迅速超越
B. 变换远近光灯超越
C. 减速放弃超车
D. 持续鸣笛超越

9. 驾驶机动车突然遇到行人横穿道路应（A）。
A. 减速或停车让行
B. 从行人前方绕行
C. 持续鸣笛提醒
D. 从行人后方绕行

10. 在雨天哪类路面最容易发生侧滑？（A）

A. 刚下雨的路面
B. 大雨过后路面
C. 暴雨中的路面
D. 大雨中的路面

11. 在冰雪路面上减速或停车，要（B）降低车速。
A. 充分利用行车制动器
B. 充分利用发动机的牵制作用
C. 充分利用驻车制动器
D. 充分利用缓速器

12. 驾驶机动车在冰雪路面行车应注意（A）。
A. 制动距离延长
B. 抗滑能力变大
C. 路面附着力变大
D. 制动距离变短

13. 雾天对安全行车的主要影响是（B）。
A. 易发生侧滑
B. 能见度低
C. 行驶阻力大
D. 视野变宽

14. 出租汽车被歹徒抢劫后，财产损失不大，人员轻伤或无伤亡，驾驶员（A）向公安机关报案。
A. 应积极主动
B. 可以不
C. 没有必要
D. 问别人是否有必要

15. 大风天气行车，由于风速和风向不断发生变化，当感到转向盘突然难以控制时，驾驶员应（D）。
A. 逆风向转动转向盘
B. 顺风向转动转向盘
C. 采取紧急制动
D. 双手稳握转向盘

16. 在泥泞路段行车容易出现（B）。
A. 行驶阻力大
B. 车轮侧滑
C. 机动车颠簸
D. 方向失控

17. 在泥泞路段遇驱动车轮空转打滑时如何处置？（C）
A. 在从动轮下铺垫砂石
B. 换高速挡加速猛冲

C. 在驱动轮下铺垫砂石
D. 猛打转向盘配合急加速

18. 机动车在高速公路行驶，以下哪种说法是正确的？（D）
A. 可在应急车道停车上下人员
B. 可在紧急停车带停车装卸货物
C. 可在减速或加速车道上超车、停车
D. 非紧急情况时不得在应急车道行驶或者停车

19. 需要在高速公路停车时，要选择在（D）停车。
A. 匝道
B. 加速车道
C. 减速车道
D. 服务区

20. 遇紧急情况避险时，要沉着冷静，坚持（A）的处理原则。
A. 先避人后避物
B. 先避物后避车
C. 先避车后避人
D. 先避物后避人

21. 轮胎气压过低时，高速行驶可能导致（D）。
A. 气压不稳
B. 气压增高
C. 行驶阻力减小
D. 爆胎

22. 行车中轮胎突然爆裂时的不正确做法是？（C）
A. 保持镇静，缓抬加速踏板
B. 紧握转向盘，控制机动车直线行驶
C. 采取紧急制动，在最短的时间内停车
D. 待车速降低后，再轻踏制动踏板

23. 驾驶装有动力转向的机动车发现转向困难应（A）。
A. 停车查明原因
B. 控制转向缓慢行驶
C. 降低车速行驶
D. 保持机动车直线行驶

24. 转向失控后，若机动车偏离直线行驶方向，应（D）使机动车尽快减速停车。
A. 轻踏制动踏板
B. 拉紧驻车制动器操纵杆
C. 迅速抢挡减速
D. 果断地连续踩踏、放松制动踏板

25. 高速行车中行车制动突然失灵时，驾驶员应（B）制动。

A. 连续踩踏制动踏板

B. 抢挂低速挡减速后，使用驻车制动

C. 迅速踏下离合器踏板

D. 迅速拉紧驻车制动器操纵杆

26. 行车中发动机突然熄火应（B）。

A. 紧急制动停车 　　B. 缓慢减速停车

C. 挂空挡滑行 　　　D. 关闭点火开关

27. 机动车发生撞击的位置不在驾驶员一侧或撞击力量较小时，驾驶员不正确的做法是（C）。

A. 紧握转向盘

B. 两腿向前蹬

C. 从一侧跳车

D. 身体向后紧靠座椅

28. 在车速较高可能与前方机动车发生碰撞时，驾驶员要采取（A）的措施。

A. 先制动减速，后转向避让

B. 急转方向向左避让

C. 急打方向向右避让

D. 先转向避让，后制动减速

29. 行车中与其他机动车发生正面碰撞已不可避免时应（C）。

A. 变正面碰撞为侧面碰撞

B. 向右急转转向盘躲避

C. 迅速采取紧急制动

D. 向左急转转向盘躲避

30. 发动机着火后，首先应（A）。

A. 迅速关闭发动机

B. 用水进行灭火

C. 开启发动机罩灭火

D. 站在下风处灭火

31. 正确使用灭火器灭火的方式是（B）。

A. 人要站在下风处

B. 灭火器瞄准火源

C. 尽量接近火源

D. 灭火器瞄准火苗

32. 机动车不慎落水，车门无法开启时，可选择的自救方法是（A）。

A. 敲碎侧窗玻璃

B. 关闭车窗

C. 打电话求救

D. 用工具撬开车门

33. 大雨天在高速公路行车时，怎样避免发生"水滑"现象？（C）

A. 安装防滑装置

B. 提高车速行驶

C. 降低车速行驶

D. 断续使用制动

34. 机动车在（C）上制动时，车轮最容易抱死。

A. 混凝土路 　　　B. 土路

C. 冰雪路面 　　　D. 沙土路

35. 火药、炸药和起爆药属于（C）。

A. 氧化性物质 　　B. 易燃固体

C. 爆炸品 　　　　D. 自燃物品

36. 火柴、硫黄和赤磷属于（D）。

A. 爆炸品 　　　　B. 氧化性物质

C. 自燃物品 　　　D. 易燃固体

37. 下列属于危险易燃固体的是（A）。

A. 火柴 　　　　　B. 火药

C. 电石 　　　　　D. 炸药

38. 如果轮胎胎侧顺线出现裂口，以下做法正确的是（B）。

A. 放气减压 　　　B. 及时换胎

C. 给轮胎充气 　　D. 不用更换

39. 检查机动车机油时，以下做法正确是（A）。

A. 停在平坦的地方，在启动前检查

B. 停在平坦的地方，在怠速状态下检查

C. 无需停在平坦的地方，在启动前检查

D. 无需停在平坦的地方，在怠速状态下检查

40. 夜间会车时，如遇对方持续开启远光灯，应当如何安全会车？（C）

A. 鸣笛加速通过

B. 及时开启远光灯

C. 使用近光灯，低速会车或停车让行

D. 使用远光灯，低速会车

41. 驾驶机动车遇暴雨，无法看清路面情

况，以下做法正确的是（C）。

A. 保持原速行驶

B. 减速行驶

C. 打开危险报警闪光灯，将机动车停到路外

D. 减速行驶，不断鸣笛提醒周边驾驶员

42. 夜间驾驶机动车遇到对向来车未关闭远光灯时，应（A）。

A. 变换使用远近光灯提示

B. 长时间鸣笛

C. 使用远光灯

D. 鸣笛并使用远光灯

43. 驾驶机动车驶出小区上道路行驶，应（C）。

A. 无需观察直接汇入主路车流

B. 无需避让主路车辆

C. 在不妨碍主路车辆正常行驶的前提下汇入车流

D. 鸣笛示意主路车避让

44. 驾驶机动车遇到前方车辆停车，等待行人通过人行横道时，应（D）。

A. 从左侧超越前车

B. 鸣笛催促前车向前行驶

C. 从右侧超越前车

D. 与前车保持安全距离，排队等待

45. 驾驶机动车行驶过程中发动机着火，应（C）。

A. 迅速关闭发动机

B. 用覆盖法灭火

C. 开启发动机罩灭火

D. 用灭火器灭火

46. 关于驾驶机动车跟车行驶，以下做法正确的是（A）。

A. 与前车保持足以采取紧急制动措施的安全距离

B. 与前车保持较近距离，以防加塞

C. 将注意力全部集中在所跟随的车辆上

D. 将注意力全部集中在后方的车辆上

47. 夜间驾驶机动车在农村道路行驶，遇到对向驶来畜力车时，以下做法正确的是

（C）。

A. 持续鸣笛警示

B. 交替使用远近光灯提示

C. 使用近光灯，减速靠右避让

D. 加速通过

48. 夜间驾驶机动车在道路上会车，为避免对方驾驶员炫目，应在距离对向来车（B）改用近光灯。

A.150m 以内　　　　　B.150m 以外

C.100m 以内　　　　　D.50m 以内

49. 在山区道路行驶时，以下说法的是（A）。

A. 上坡路段的安全距离应比平坦路段的大

B. 急弯路段应当紧随前车

C. 下坡路段的安全距离应比平坦路段的小

D. 以上说法都不正确

50. 驾驶汽车频繁变更车道的危害是？（B）。

A. 扰乱交通秩序

B. 易导致爆胎

C. 影响正常通行

D. 易引发交通事故

51. 在冰雪路面制动时，发现车辆偏离方向，应（C）。

A. 连续轻踩、轻放制动踏板

B. 用力踩制动踏板

C. 停止踩制动踏板

D. 以上说法都不对

52. 大雾条件下行驶，（C）。

A. 可以紧急制动

B. 可以紧急制动，但是需要停到紧急停车带上

C. 不可以紧急制动，因为会造成后面的车辆追尾

D. 以上说法都不对

53. 车辆在泥泞路上发生侧滑时，应（A）。

A. 向侧滑的一侧转动转向盘适量调整

B. 向侧滑的另一侧转动转向盘适量调整

C. 迅速制动减速

D. 迅速制动停车

54. 驾驶机动车应（C）安全通过铁路道口。

A. 换空挡利用惯性

B. 进入道口后换低速挡

C. 进入道口前减速减挡

D. 道口内停车左右观察

55. 遇到前方拥堵路段通行缓慢时应（A）。

A. 依次跟车行驶

B. 从右侧超越

C. 靠边停车等待

D. 从左侧超越

56. 下长坡连续使用行车制动会造成（D）。

A. 发动机使用寿命缩短

B. 驾驶员疲劳

C. 机动车倾翻

D. 制动器制动效果下降

57. 山区上坡路段跟车过程中遇前车停车时应（C）。

A. 从前车两侧超越

B. 紧跟前车后停车

C. 保持大距离停车

D. 连续鸣笛提示

58. 下长坡控制车速最安全的方法是（C）。

A. 挂入空挡滑行

B. 踏下离合器踏板滑行

C. 利用发动机制动

D. 持续踏制动踏板

59. 驾驶机动车在雨天临时停车应注意要（A）。

A. 开启危险报警闪光灯

B. 开启前后雾灯

C. 开启近光灯

D. 在车后设置警告标志

60. 驾驶机动车在结冰的道路上应怎样会车？（C）

A. 两车临近时减速

B. 适当加速交会

C. 提前减速缓慢交会

D. 尽量靠近中线交会

三、多选题（20题）

1. 服用（ABD）会对驾驶员的心理、生理产生影响。

A. 抗生素

B. 镇静剂

C. 保健品

D. 兴奋剂

2. 驾驶员良好的心理特征表现在行车中是能做到（ABCD）。

A. 头脑清醒连续驾驶不超过4h

B. 行动果断

C. 反应迅速

D. 判断准确

3. 出租汽车驾驶员在运营过程中能够克服和控制消极情绪是减少道路交通事故的重要因素，这要求驾驶员做到（ABC）。

A. 增强道德和法制观念

B. 努力保持宽容、豁达、乐观的心态

C. 紧防不良的激情干扰心态和行为

D. 根据个人喜好选择乘客

4. 按情绪状态，可把情绪分为（ACD）。

A. 心境　　　　　B. 恐惧

C. 应激　　　　　D. 激情

5. 驾驶员行车时，保持积极的情绪和情感有利于（BCD），保证行车安全。

A. 保持心情亢奋激动

B. 集中注意力

C. 保持平和心态

D. 冷静应对行驶中出现的各种状况

6. 行车中出现不利于安全行车的异常情绪时，在出租汽车驾驶员可以（AD）。

A. 必要时短暂停车休息，调整心态

B. 违法行驶，发泄情绪

C. 行驶中使用微信聊天，舒缓情绪

D. 进行心理暗示，放松心情

7. 出租汽车驾驶员常见职业病与下列哪

些职业因素有关？（ABC）

A. 久坐

B. 饮食无规律

C. 长期睡眠不足

D. 时常做伸展运动

8. 驾驶出租汽车行驶，发现转向阻力突然增大，但还可以转向时，应（BC）。

A. 紧急制动停车，查明原因

B. 选择安全地点停车，查明原因

C. 握稳转向盘，及时减速

D. 低速靠右继续行驶

9. 驾驶出租汽车行驶中发现轮胎漏气时，正确的应急处置方法是（ABCD）。

A. 平稳制动减速

B. 握稳转向盘

C. 驶离行车道

D. 选择安全地点停车

10. 车辆出现行驶摆头的故障原因可能是（ABCD）。

A. 前轮定位不正确

B. 转向传动机构松旷

C. 车轮动平衡不良

D. 轮毂轴承松旷

11. 出租汽车离合器打滑的原因有（ACD）。

A. 压盘压紧弹簧状态不良

B. 离合器踏板自由行程过大

C. 摩擦片状态不良

D. 离合器盖安装螺栓松旷

12. 下列物质中，属于腐蚀性物质的有（BCD）。

A. 生漆 　　　　B. 硫酸

C. 甲醛 　　　　D. 冰醋酸

13. 影响出租汽车安全运营的主观因素有（ABC）。

A. 安全意识 　　B. 驾驶技能

C. 职业道德 　　D. 交通环境

14. 驾驶出租汽车发生紧急情况向其他交通参与者发出警告信号时，可采取的措施有（ABCD）。

A. 开启危险报警闪光灯

B. 变换远近光灯

C. 连续鸣笛

D. 必要时打手势

15. 驾驶员食（饮）用下列哪些物质（ABCD），可能被误认为酒后驾驶。

A. 藿香正气水

B. 口气清新剂

C. 漱口水

D. 醉虾

16. 下列哪些路段禁止掉头？（ABCD）

A. 人行横道、铁路道口

B. 有禁止掉头标志路段

C. 窄路、弯道

D. 桥梁、隧道

17. 雾天驾驶出租汽车行驶，驾驶员应该（ABCD）。

A. 适时鸣笛

B. 合理控制车速，保持比晴天更大的安全跟车距离

C. 能见度过低要选择安全地点停车

D. 正确使用车灯

18. 雨天行车发生"水滑"现象时，驾驶员应该（CD）。

A. 紧急转向

B. 紧急制动

C. 握稳转向盘

D. 松抬加速踏板降低车速，避免紧急制动

19. 驾驶出租汽车遇泥石流，组织乘客逃生时，应注意（CD）。

A. 带上所有行李

B. 停留在地势低洼地带

C. 向泥石流方向的两边跑

D. 不要携带重物

20. 在放学时间行经学校门口时，驾驶员应（BD）。

A. 加速通过

B. 低速平稳驾驶

C. 掉头改变行驶路线

D. 随时准备避让穿行的学生

单元五

其他相关知识

学习目标:

1. 了解出租汽车运价知识,掌握出租汽车计程计价设备的使用及注意事项;

2. 了解汽车造成的环境污染知识,以及汽车燃料消耗和排放的影响因素,掌握节能减排的有关操作步骤;

3. 熟悉交通事故处置和理赔程序,掌握保险常识,了解乘客救护的基本知识,会使用车载灭火器。

模块一 运价与计程计价设备使用知识

一 巡游出租汽车运价与计程计价设备使用

1 巡游出租汽车计价器

1 计价器常用术语

(1)空车:车辆处于待租状态;

(2)重车:车辆处于租用状态;

(3)切换速度:计价器从计程收费转换为时距并行收费方式的切换点车速值,km/h;

(4)低速:车辆的行驶速度等于或低于切换速度的状态;

(5)昼间:按运营规定的白天起止时间段(不含终止时间);

(6)夜间:按运营规定的夜晚起止时间段(不含终止时间);

(7)基本单价:不含加价的每公里租金,(人民币)元/km;

(8)加价:规定条件下加收的租金;

(9)单价:含加价的每公里租金(人民币),元/km;

(10)起程:租用车辆最低计价里程,km;

(11)续程:到达起程后计价的最小里程,km;

(12)计程:重车状态下计价的里程,km;

(13)计时:重车低速状态时计价的时间,h、min、s;

(14)往返:租用车辆从起点经目的地返回起点的运营收费方式;

(15)单程或里贴:租用车辆从起点目的地的运营收费方式;

(16)暂停:暂时停止计时的状态;

(17)时距并计:重车使用时按照时间

和里程同时计费的方式。

2 计价器显示

计价器的显示屏按计价器项目设置，至少设4屏。除金额屏外，其他3屏按由左至右或自上而下的设计方式依次是单价屏、计程屏、计时屏。计价项目的计量单位是，单价：元/km；计程：km；计时：h、min、s；金额：元。

计价器在重车状态下，金额屏显示总金额；单价屏显示当前运营状态的每公里租金；计程屏从0.0km开始，显示运营里程；计时屏从0s开始，显示低速运营的计时累计值；时钟屏显示实时时间，可与计时屏并用；状态屏显示当前运营状态（如"往返"、"单程"、"低速"、"夜间"、"暂停"等），透光显示汉字且字迹清晰。

3 计价器使用

（1）出租汽车运营候客时竖起空车待租标志，计价器处于空车状态。

（2）当乘客上车起步后，应压下空车待租标志，计价器处于重车状态，此时计价器主机单价显示屏显示单价，金额显示屏显示基价，计程和计时显示屏显示本次运营进行累积计算的行驶里程和等候时间。夜间运营时，空车待租标志和顶灯同时熄灭，计价器开始按距离、时间并计的计费方式进行计费。

（3）当车速低于切换速度时或者停车时，计价器开始计时（有些城市是时距并计），高于切换速度时只计程。

（4）出租汽车到达目的地后，出租汽车驾驶员按暂停键，使计价器暂停计费。

（5）待乘客按计价器显示的金额付费

后，竖起空车待租标志，计价器处于空车状态，计价器显示屏显示归零。

计价器和待租标志的使用就是对上述过程的重复。

4 计价器使用的注意事项

（1）做好运营前检查工作。主要检查内容有：

①计价器铅封是否完好，通电后计价器自检正常；

②计价器显示屏显示是否正常；

③空车待租标志翻动自如，空车重车转换正常。

（2）需要收取单程附加费的，先向乘客说明，然后按"单程"键。

（3）计价器显示的车费不包含车辆通行费，大部分不含燃油附加费，出租汽车驾驶员应向乘客告之并做好解释工作，如实向乘客收取费用。空车返回时，不得向乘客收取返程的通行费。

（4）运营过程中，遇到执法部门依法检查，或者发生交通事故、车辆发生故障等不属于乘客原因造成的停车时，出租汽车驾驶员应按"暂停"键暂停计价器计费。

（5）运营时发现计价器有故障，必须终止运营，将计价器送往有计价器维修资质的部门维修。车上有乘客时，应向乘客说明，按实际行驶里程和时间收费，乘客下车后要立即停止运营，维修计价器。

（6）到达目的地后，乘客未付清车费前，不要竖起空车牌，避免发生纠纷。

（7）计价器的时钟误差要求是30日±5min。30日内时间误差在±5min内，可不拆铅封，并根据使用说明书进行时钟调整，时钟误差超过±5min的必须送维修部门调整。

（8）巡游车计程计价设备应按质量技术监督部门的要求进行周期检定。

2 巡游出租汽车运价知识

1 定价方式

巡游车运价实行政府定价或政府指导

价，并依法纳入政府定价目录。县级以上地方人民政府出租汽车行政主管部门配合有关部门，按照有关规定，并综合考虑巡游车行业定位、运营成本、经济发展水平等因素合理制定运价标准，并适时进行调整。

巡游车运价调整，应由价格主管部门按法定程序进行运价调整。一般要经过3个程序：

（1）进行成本核算。巡游车运营成本主要由直接成本（车辆折旧费、行车燃料费、车辆保险费、修理费、轮胎消耗、车辆规费和其他费用）和间接成本（管理费用和财务费用）两部分组成。

（2）听取社会各界的意见，拟定运价调整方案。

（3）报价主管部门批准实施。

②　巡游出租汽车运价与成品油价格联动机制

2006年6月，国家发展和改革委员会下发了《关于建立出租汽车运价与成品油价格联动机制的通知》（发改价格〔2006〕1207号），要求各省、市（县）疏导成品油价格调整对出租汽车运营成本带来的影响，建立巡游车运价随成品油价格变动进行调整的机制，根据成品油价格水平设置出租汽车运价调整启动点。

二　网络预约出租汽车运价及计程计价知识

1　网络预约出租汽车计程计价知识

①　网约车计程计时基本概念

网约车计程是网约车平台公司基于互联网及卫星定位技术、采用符合规定的电子地图的结算里程，计时是指基于互联网及卫星定位技术的结算时间。计程计时由网约车平台公司向驾驶员和乘客所持的移动设备或其他设备显示最终结算里程和时间，并提供结算清单。

目前，网约车平台公司基本是以采集驾驶员客户端定位信息作为计程计时算法的主要数据来源，主要分为两类计程计时方式。一类是网约车平台公司按一定的采样率实时接收驾驶员客户端的定位、轨迹和计时信息，通过合适的算法计算出实际行驶里程和所用时间，按照计价算法计算费用，并将信息反馈到驾驶员和乘客客户端用于结算费用；另一类是网约车平台公司将乘客客户端的定位数据作为里程计算的辅助依据。当网约车定位终端一段时间无法收到卫星导航信号或者定位数据出现较大异常时，可参考其他定位信息，如手机基站定位信息等，也可参考电子地图路线。计时主要是平台公司计算收到驾驶员客户端开始信号和结束信号的时间差。

②　网约车计程计时技术规范

为规范网约车平台公司计程计时工作，国家质检总局发布了4个国家计量技术规范，均于2016年11月1日实施。该4个规范采用"1+3"结构。"1"即《网络预约出租汽车计程计时技术要求》，对网约车计程计时提出了总体要求，并总领其余3个规范，明确"本规范适用于网约车平台公司的计程计时服务，保障计程计时量值的准确一致"。规定的计程误差控制在+1%~−4%，计时误差应小于等于1s。

"3"指的是3个具体技术规范。《网络预约出租汽车经营服务平台计程计时验证方法》主要是对网约车平台计程计时算法的可靠性、稳定性和抗干扰性能提供测试验证的方法；《网络预约出租汽车车载卫星定位终端计程计时检测方法》主要是针对安装在网约车上的卫星导航定位终端提供定位、里程和计时精度的检测方法；《网络预约出租汽车移动卫星定位终端计程计时检测方法》主要是针对目前网约车上普遍使用的移动定位终端（具有定位功能的手机）提供定位、里程和计时精度检测方法，与车载终端检测方法不同之处是移动终端除了接收卫星导航信号进行定位以外，还可以通过通信基站发布的通信信号进行定位，因此检测方法也存在较大不同。

2 网络预约出租汽车运价知识

网约车运价实行市场调节价，当地政府认为有必要的可以实行政府指导价。网约车平台公司应合理确定计程计价方式，实行明码标价，并向乘客提供相应的出租汽车发票。

网约车平台公司不得有为排挤竞争对手或者独占市场，以低于成本的价格运营扰乱正常市场秩序，损害国家利益或者其他经营者合法权益等不正当价格行为，不得有价格违法行为。

模块二 节能与环保知识

随着汽车保有量的不断增加，汽车排出的有害气体已取代粉尘，成为大气环境的主要污染源。据调查，汽车尾气是造成PM2.5过高的主要因素之一，给社会带来了不容忽视的负面影响。据不完全统计，世界每年由汽车排入大气的一氧化碳（CO）高达2亿多t，大致占总毒气量的1/3。

一 汽车造成的环境污染知识

1 排放污染

车辆发动机在燃烧做功过程中产生的主要污染物有氮氧化物（NO_x）、碳氢化合物（HC）、一氧化碳（CO）及颗粒物（PM）。氮氧化物（NO_x）、碳氢化合物（HC）经阳光照射，在大气中形成光化学烟雾，会损伤人的眼睛和呼吸系统；氮氧化物（NO_x）和二氧化硫（SO_2）在大气中可产生酸雨效应，导致人类的"酸雨病症"；颗粒物会危害人的眼睛和呼吸道。此外，汽车尾气中的二氧化碳（CO_2）是产生温室效应、造成地球气候变暖的主要因素。

2 噪声污染

道路交通噪声是城市环境噪声的主要组成部分，交通噪声主要来自于运行的汽车。汽车噪声主要来自于汽车排气噪声、发动机噪声、轮胎噪声和喇叭声，此外还有车体振动和传动系噪声等。高于70dB的噪声会使人心情不安、烦躁、疲倦和工作效率下降等，从而引发头晕、失眠等病症。

3 废弃物污染

汽车垃圾，如废轮胎、玻璃、塑料、蓄电池、润滑油等特殊的垃圾污染地面，甚至污染附近居民的水源，给环境造成严重污染。

4 其他污染

（1）汽车点火系统工作时发射的电磁波对无线电通信等的干扰。

（2）汽车清洗用水所造成的水污染。

（3）交通拥挤、车辆肇事所造成的污染。

二 影响汽车能耗和排放的主要因素

驾驶汽车过程中，燃料消耗减少了，有害气体的排放也会降低，因此节能和减排是相互关联的。影响节能减排的主要因素主要有车辆技术状况、道路环境条件、汽车运用情况等方面。

1 车辆技术状况

1 整车结构对油耗的影响

汽车在行驶过程中需要克服多种阻力，包括滚动阻力、空气阻力、加速阻力和上坡阻力等。

（1）滚动阻力。

车轮滚动阻力系数与路面和轮胎有密切关系。一方面，选择硬质坚实的路面有利于减低行驶阻力；另一方面，轮胎结构对滚动

小知识

汽车质量与阻力的关系

汽车总质量会影响到汽车的滚动阻力、坡度阻力和加速阻力，同时对汽车的燃油经济性造成影响。一辆整车质量为1360kg的汽车，其总质量减少10%，油耗约降低8.8%。因此，在汽车上广泛采用轻质材料，减轻汽车自重，是提高汽车燃油经济性的一个主要方向。

阻力影响很大。当改善轮胎结构，轮胎充气压力降低时，轮胎变形增大，迟滞损失增加，从而使滚动阻力增加。试验表明，轮胎气压比规定压力增加10%时，节约燃料效果较好，且不降低轮胎的适用寿命。但是，轮胎充气压力不可过高，否则就会降低轮胎寿命和增加道路早期损坏。此外，轮胎的花纹对汽车油耗有较大影响，与普通斜交轮胎相比，子午线轮胎的滚动阻力一般要下降20%~30%。

阻力对汽车的燃油消耗不大，但当车速超过50km/h，空气阻力对汽车燃油经济性的影响逐步显现。据测试，一辆以100km/h速度行驶的汽车，发动机输出功率的80%被用于克服空气阻力。减少空气阻力，就能有效地改善汽车的行驶经济性，因此合理地控制车速是节约燃料的重要手段。

流线型好的轿车，可减小风阻。

轮胎严重气压不足，油耗大。

风阻

（2）空气阻力。

汽车沿直线行驶时，受到的空气作用力在行驶方向上的分力，称为空气阻力。影响空气阻力的因素是迎风面积和空气阻力系数。空气阻力主要与汽车形状有关，约占58%；来自汽车的突出部件，如后视镜、门把手、导水槽、驱动轴、悬架导向杆等，约占14%；因发动机冷却系、车身通风等需要气流流过汽车内部产生的阻力，占12%；空气升力在水平方向的分力，占7%。空气阻力与车速密切相关。汽车速度不高时，空气

（3）坡道阻力。

汽车上坡时，汽车重力沿着坡道的分力称为坡道阻力。除了山岭重丘之外，普通公路坡度一般小于5%。这时，坡道阻力可表示为汽车质量与坡度的乘积。坡道阻力也可理解为储存势能的过程，合理冲坡、坡道滑行是重要的驾驶技术。

（4）加速阻力。

汽车加速行驶时，需要克服由本身质量加速运动的惯性力，该力称为加速阻力。加速时平移质量产生平移惯性力，旋转质量产生旋转惯性力偶矩，主要与发动机飞轮的转

动惯量、车轮的转动惯量以及传动系统效率有关。汽车传动系效率越高，传递动力的过程中能量损失越小，汽车的油耗就越低。汽车频繁地变换车速必然会增加汽车的加速阻力，使车辆的油耗增加，所以应尽量匀速行驶，以提高汽车的经济性能。

小知识

影响油耗的因素

随着汽车使用时间的增长，其性能也在逐步发生变化，车辆技术状况差、故障多，对汽车的行驶油耗影响很大。除汽车发动机外，汽车底盘技术状况，如减速器、制动器、轴承、前束调整不当等，都会导致汽车油耗增加。汽车行驶中，发动机冷却系统温度过高或过低，也可使汽车油耗上升12%～15%。

---

2 发动机技术和使用对油耗的影响

发动机对汽车能耗有决定性的影响。发动机的燃油消耗取决于发动机结构。发动机的压缩比高、有完善的供油系统及合理的燃烧室形状、采用电子点火系统等都能降低发动机的比油耗。柴油机由于压缩比比汽油机要高得多，因此柴油机比汽油机的油耗要低得多。一般装备柴油发动机的小型汽车比装备汽油发动机的小型汽车节油18%左右。

发动机负荷率通常是指发动机阻力矩大小。发动机克服阻力矩必须消耗燃油，增加负荷率就意味着增加发动机每工作循环的供油量。发动机的油耗随发动机负荷的变化而变化，负荷率为80%～90%时油耗最低，低负荷和全负荷油耗都将增加。为了节约燃油，在行驶条件许可的情况下，不必追求装备大功率的发动机以增加负荷率。

2 道路环境条件

1 道路环境影响

良好的基础设施和畅通的通行条件是实现汽车节能减排的基础。机动车流量的增加、道路等基础设施建设维护不及时、交通信号配置不科学，以及临时的交通管制、道路交通事故等，均会导致出租汽车长时间低速行驶或发动机怠速运转，增加燃油消耗和尾气排放。此外，在山区道路驾驶，由于坡多弯急，限速较低，车辆不能以经济车速行驶，频繁制动，燃料消耗增加，也会对节能驾驶产生影响。

道路拥堵，油耗大。

2 气温条件影响

不同的温度条件下，发动机油耗和尾气排放差异较大。冬季或严寒地区气温较低时，冷车状态下发动机温度较低，发动机缸内润滑油的黏度变大，发动机冷起动受到的阻力增加，磨损加剧，且因汽缸进气温度低，燃油蒸发慢、不易雾化，混合气点火困难，燃烧不充分，增加燃油消耗。发动机工作温度控制在80～95℃，可以有效地将汽缸进气温度控制在最佳温度区间，提高汽车的燃油经济性。

炎热天气使用空调或寒冷天气使用暖风，会增加燃料消耗。此外，不同季节停车时的位置选择，也对燃料消耗有较为明显的影响。夏季在烈日下停车时，将油箱一侧迎着阳光，油箱经长时间暴晒后，温度过高，会造成燃油蒸发；冬季停车不注意车辆保温或在阴冷的地方停放，会增加发动机起动和汽车起步阻力。如果轮胎与地面冻结，起动发动机或起步时都会增加油耗。

天气炎热，油耗增大。

3 气象条件影响

特殊气象条件下，如遇雨、雪、雾等天气，受自然环境、道路和交通情况限制，异常情况较多等影响，出租汽车长时间缓慢行驶，发动机无法保持经济转速，运营中停车、起步次数增多，燃油消耗和尾气排放都将增加。另外，出租汽车驾驶员能否针对不同气象条件，正确使用合理挡位，合理地控制行驶速度，使发动机保持经济转速，能否预见性的处理道路上的各种情况，少制动、少停车、少起步，都是影响节能减排的重要因素。

3 汽车运用情况

1 驾驶习惯影响

出租汽车的运营特点决定了驾驶员需要不间断地低、高速行驶或高频率地停车、起步。出租汽车驾驶员的驾驶技能与驾驶习惯是影响节能减排的关键因素。不良的驾驶习惯会增加燃料消耗和污染气体排放。例如，发动机长时间空转，经测试一般小型车发动机每怠速运转5min就会消耗掉大约70mL的汽油；起步前或者发动机熄火前空踩加速踏

板，或者将加速踏板踩到底使得发动机转速急剧飙升导致严重的非稳态工况，都会引起进入汽缸的混合气显著加浓，燃油消耗大幅提高。且混合气燃烧不完全会产生更多有害物质，加剧环境污染。

长时间低挡行驶，油耗大。

在相同的道路条件与车速下，使用的挡位越低，后备功率越大，发动机的负荷率越低，燃油消耗量也就越大。选择不同的行驶挡位，保持发动机的经济转速，燃烧气体对汽缸壁热损失最少，混合气雾化均匀，燃烧完全，耗油率低。5~6个前进挡的汽车，1挡和2挡属于低速挡，3挡为中速挡，长距离使用燃油消耗率高。4挡至6挡为高速挡，传动速比小，传递到车轮上的扭矩小，使用高挡位时，后备功率较小，可以降低发动机的工作转速，提高发动机的负荷率，进而降低发动机的燃油消耗率。如果加速过程中出现升挡不及时，会明显地增大耗油量，并且加剧发动机磨损。

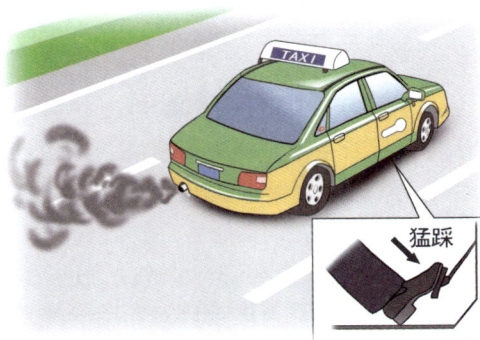

猛踩

2 车辆维护与调整不当对油耗的影响

随着行驶里程的增加，汽车的技术状况会不断发生变化，各个机构和零件会逐渐产生不同程度的松动、磨损和机械损伤，即使在正常使用条件下，有些零件也会疲劳甚至损坏。如果不及时进行必要的维护和调整，车辆就会出现动力性能下降、燃料消耗量增加、排气污染加重、安全可靠性降低等问题。

（1）汽车行驶环境差，容易造成空气滤芯堵塞，使发动机进气不畅，影响燃油和空气的混合燃烧，造成燃油消耗增加。另外，大量的灰尘进入汽缸，会加快汽缸火花塞积炭的产生速度，使发动机点火不畅，导致汽车油耗升高，最高能达到10%。

（2）燃烧室的积炭增多后，容易引起可燃混合气的自燃，造成功率下降。如果积炭过多，会增耗燃油8%左右。

（3）火花塞不能正常点火时，会增加油耗。一只火花塞不工作，会增加约25%的油耗；两只火花塞同时不工作，将会增加约60%的油耗。另外，火花塞间隙的大小、积炭的多少等都对功率和油耗有直接的影响。

（4）蓄电池的点火能量不足，火花塞产生的火花强度减弱，发动机不易起动，使起动次数增加，燃油消耗增加。

（5）使用黏度、拉磨性及温度性能不符合要求的机油，会使油耗显著增加。在相同条件下工作时，在冬季，传动机构用夏季齿轮油代替冬季齿轮油时，燃料消耗将增加4%。

（6）在使用过程中，各部机件的配合间隙会发生变化，若不及时调整消除，将增加机件磨损，出现早期损坏，增加燃油消耗，甚至发生机件事故。

（7）消声器阻碍废气的排出，会消耗部分功率。如果消声器破裂损坏，则会进一步阻碍废气的排出畅通，增加油耗。

（8）轮胎按标准充气后，经过一段时间就会自然消耗掉一部分。轮胎气压的下降，会导致行驶阻力增大，对轮胎的使用寿命及燃油的消耗产生较大的影响。

三 出租汽车节能减排举措

1 做好车辆检查维护

良好的车辆技术状况是实现节能减排的基础，这需要加强对车辆维护和检查。出租汽车驾驶员坚持做好出车前、行车中、收车后的检查，一方面可以及时发现事故隐患和机械故障，不驾驶"带病"车辆行驶，有利于安全行车；另一方面通过以清洁、调整、润滑、紧固为内容的日常维护，可以降低油耗和有害物质排放。

驾驶员要经常检查自己的车辆。

1 保持车身清洁

做好出租汽车的清洁、减轻自重，可以减少空气阻力和摩擦阻力，起到节约燃料、减少污染的作用。驾驶员要经常擦拭车窗玻璃，清洁车身外表，保持车辆整洁；及时清洗车身底盘上附着的泥土和污物，打扫车厢和驾驶室内的垃圾；坚持擦拭发动机，清洁各总成部件上覆盖的油污，保持发动机及其他各总成部件清洁无污垢；及时清理车上不必要的物品。

② 维护空气滤清器

定期维护出租汽车发动机的空气滤清器，净化进入发动机汽缸的空气。纸质滤芯干式空气滤清器，一般每行驶5000km清洁一次，每行驶25000km更换纸质滤芯。如果滤清器太脏，将会阻碍空气畅通，造成燃油消耗增加。

③ 维护消声器

驾驶员要经常检查、维护出租汽车消声器。消声器能阻碍废气的排出，降低噪声，消耗部分功率。如果消声器损坏、堵塞，会阻碍废气排出的畅通，增加油耗，产生噪声污染。

④ 维护火花塞

出租汽车发动机火花塞间隙的大小、积炭的多少等都对发动机功率和油耗有直接的影响。保证火花塞工作正常，燃油能够完全燃烧，从而降低油耗，减少污染。

⑤ 调整胎压

胎压不足会导致轮胎的刚性变小，在外力作用下导致胎体变形大，加速轮胎胎面磨损。轮胎变形过大时，滚动阻力加大，增加了发动机负荷和燃料消耗，并使得轮胎与地面摩擦造成的噪声增大。经常注意检查轮胎气压，气压不足时及时进行补充，能起到节约轮胎、减少油耗、降低噪声的作用。

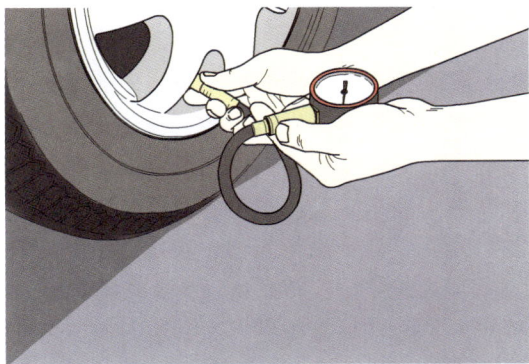

⑥ 保证车辆制动性能

良好的制动装置可以提高汽车行驶的平均速度和运输效率。车辆制动性能不良，不仅无法保证行车安全，同样会影响发动机燃油的消耗量。

⑦ 正确选择燃油标号和润滑油

出租汽车驾驶员要定期更换发动机润滑油。要按车辆压缩比标值选择合适标号燃油，标号偏高或偏低都会造成汽缸和喷油嘴积炭增加，污染增加。

⑧ 定期更换三元催化装置

三元催化装置是安装在汽车排气系统中的净化装置，可以将汽车尾气中的一氧化碳（CO）、碳氢化合物（HC）和氮氧化物（NO_x）等，通过氧化和还原作用转变为二氧化碳（CO_2）、水（H_2O）和氮气（N_2），使汽车尾气得以净化。三元催化装置保质期一般为16万km，汽油车行驶16万km后污染物排放量会逐渐攀升。测试表明，使用期超过2年的出租汽车，其氮氧化物（NO_x）和挥发性有机物的排放量可超过排放标准5倍和2倍。为达到减排的目的，为出租汽车定期更换三元催化装置是一项重要措施。

② 选择合理行驶路线

出租汽车驾驶员应熟悉城市道路状况，对交通流量大、行人较多、易产生拥堵的路段和区域有基本掌握，并且注重通过观察道路信息板、收听交通广播、查看手机电子地图等渠道及时掌握城市道路限制通行信息和拥堵情况，综合分析后规划好行驶路线，减少频繁停车次数和避免长时间低速行驶，有效提高运行效率，减少燃油消耗和废气排放。空驶时，要根据城市道路的特点和出行

尽量避开拥堵路段。

需求分布情况，结合从业经验，选择路面良好、道路畅通的路线行驶。载客后，行车距离最近并非唯一的要求，要考虑时间成本，在征得乘客同意的基础上，选择合理路线。

3 掌握正确驾驶方法

1 正确起动

起动发动机时，要将变速器操纵杆至于空挡位置，踏下离合器踏板后起动，以减轻发动机的起动阻力。发动机起动后，不要长时间怠速预热，一般在发动机起动后1min之内起步，低速行驶1~2km，使发动机、变速器、轴承等一同预热，使车辆得到全面润滑，即能节省燃油，又能减少车辆的磨损。在冬天气温较低时，低速行驶距离应适当延长3~4km。

电喷汽油发动机起动不需要踩踏加速踏板，因为电喷汽油发动机控制加速踏板的是节气门的开度，供油量及混合气浓度都由电喷系统自动控制。

2 汽车起步

汽车起步操作要做到手脚协调，轻踏加速踏板，缓抬离合器踏板，使发动机既不熄火，又能节约燃料，实现车辆平稳起步。起步时要合理选用挡位。重载时汽车起步，1挡比2挡要节省燃料；轻载时可选择2挡起步。加速踏板踏下过早会造成发动机空转，浪费燃油。

3 控制好加速踏板

做到"轻踏、缓抬"，不要猛踏、猛抬或者连续踏、抬加速踏板。对于自动挡车

急加速比缓加速多耗油30%以上。

辆，猛踏加速踏板，既不能迅速提高车速，又浪费燃油。经测算，猛踏一次加速踏板，至少消耗5~10mL燃油。

4 保持合理车速

尽量按经济车速匀速、平稳驾驶，在市区内尽可能保持在50~70km/h的车速。尽量避免行驶中突然加、减速，尽可能多利用汽车的惯性减速。

5 合理选择挡位

汽车在运行中，挡位的选择与换挡动作都对燃料的消耗影响很大。正常行驶条件下高挡位比低挡位节省燃料。所以在畅通的平路上行驶宜使用高速挡，避免低速挡高速行驶。汽车上坡度不大的坡时，可采用高挡加速冲刺，利用惯性冲上坡顶。行驶中感到动力不足时应及时减挡，而不应一味猛踩加速踏板。换挡时要脚轻手快、动作准确。

6 自动挡汽车禁止空挡滑行

自动挡汽车更要注意禁止空挡滑行。自动变速箱传动方式是将发动机动力通过高密度变速箱油液将发动机动力传到输出端，即使切断动力输出，发动机动力输入还是在不停地对变速箱内部油液施压。因此，空挡滑行对于省油没有任何帮助，反而会因变速箱油温上升导致变速箱锁死或者烧毁，造成危险。手动挡和自动挡汽车合理带挡滑行，可以节省燃油。

7 正确制动和停车

正确制动可节约燃料，减少轮胎磨损和延长机件使用寿命。行车中，在保证安全的前提下，尽可能不用或少用制动器，相对减少减速和停车次数。车辆怠速运转1min以上的，油耗要高于重新起动一次发动机。在等候乘客或遇红灯停车超过1min的，宜熄火。停车入位时，尽量做到一次到位，减少移车次数。冬季停车注意车辆保温，以减少发动机起动和车辆起动阻力，减少油耗。

8 合理利用空调制冷系统

当车速低于85km/h时，可视情况关闭空调制冷系统（乘客要求使用时除外），打开

车窗通风；但车速高于85km/h时，则应充分　利用空调制冷，不要打开车窗。

模块三　出租汽车运营应急处置

一　交通事故处理程序

时刻防范交通事故、保障行车安全是出租汽车驾驶员从业的永恒主题。一旦发生交通事故，出租汽车驾驶员要沉着冷静，稳妥处理，将交通事故造成的损失降到最低。

1 事故现场的保护和处置

道路交通事故是指车辆在道路上因过错或者意外造成人身伤亡和财产损失的事件。出租汽车驾驶员在运营中发生道路交通事故时，应执行如下处理原则：

1 立即停车，抢救伤员

事故发生后，驾驶员应迅速停车，打开危险报警闪光灯，协助乘客下车至安全区域，并按规定放置三角警告标志。出现伤员的，运用所掌握的应急救护常识和基本救护技能，主动、及时抢救伤员。因抢救不及时或者因错误的救护方法使伤员加重伤势，反而会造成更严重的后果。

2 及时报告，保护现场

驾驶员要及时报警，同时向所在企业报告事故情况。

小知识

报警时需要说明的信息

报警时，需要说明的有关信息主要包括：

（1）报警人姓名、联系方式；

（2）事故发生时间、地点、人员伤亡情况；

（3）车辆类型、牌照号码，是否载有危险品及种类；

（4）涉嫌交通肇事逃逸的，还应当说明肇事车辆的车型、颜色、特征及其逃逸方向、逃逸驾驶员体貌特征等情况。

③ 保护现场，设立标记

为了使公安机关交通管理部门能够准确勘查现场，为分析事故原因提供确切的资料，驾驶员应在不妨碍抢救伤员的情况下，尽力保留事故现场。在条件允许的情况下，迅速用粉笔、砖、石块将伤者倒卧的位置和姿势记下来。遇有雨、雾天和刮风等天气时，为保护事故现场痕迹不被破坏，驾驶员应用席子、塑料布、油布等盖上现场痕迹。不得伪造肇事现场，更不能肇事后逃逸。

④ 服从指挥，撤离现场

在城市重要路段发生事故，要服从交警指挥。如属轻微事故，经执勤交警确认后，若事故双方协商就事故事实和事故损失赔偿达成共识，应立即撤离现场，恢复交通。

⑤ 争议调解，服从管理

当事人对事故的事实和成因有争议，或者尽管对事实及成因无争议，但仍然不愿意撤离现场的，应迅速报告交警和公安机关交通管理部门，服从交警的管理。

② 交通事故分类

按交通事故的损害后果分类，可以将交通事故分为死亡事故、伤人事故和财产损失事故。

③ 交通事故处理程序

根据《道路交通事故处理程序规定》，交通事故的处置，可根据事故损害后果分别采取自行协商和简易程序、一般处置

出租汽车交通事故处置方法

程序。

① 自行协商和简易程序

机动车与机动车、机动车与非机动车发生财产损失事故，当事人对事实及成因无争议的，可以自行协商处理损害赔偿事宜。车辆可以移动的，当事人应当在确保安全的原则下对现场拍照或者标划事故车辆现场位置，然后立即撤离现场，将车辆移至不妨碍交通的地点，再进行协商。当事人自行协商达成协议的，填写道路交通事故损害赔偿协议书，并共同签名。损害赔偿协议书内容包括事故发生的时间、地点、天气、当事人姓名、机动车驾驶证号、联系方式、机动车种类和号牌、保险凭证号、事故形态、碰撞部位、赔偿责任等内容。

对仅造成人员轻微伤或者财产损失事故，当事人对事实及成因无争议的事故，公安机关交通管理部门可以适用简易程序处理。公安机关交通管理部门提取现场证据后，当事人应当立即撤离现场，恢复交通，否则公安机关交通管理部门有权对当事人进行强制撤离。离开现场后，当事人应配合公安机关交通管理部门记录交通事故发生的时间、地点、天气、当事人姓名、机动车驾驶证号、联系方式、机动车种类和牌照号、保险凭证号、交通事故形态、碰撞部位等，并协商赔偿数额及处理方式。当事人、证人叙述完毕后，公安机关交通管理部门确定当事人责任，制作道路交通事故认定书，由当事人签名。

小知识

不可自行协商处理的情形

有下列情形的不适用自行协商程序处理：

①涉及人员伤亡的；②驾驶员无有效机动车驾驶证的；③驾驶员有饮酒、服用国家管制的精神药品或者麻醉药品嫌疑的；④当事人不能自行移动车辆的；⑤碰撞建筑物、公共设施或者其他设施的。

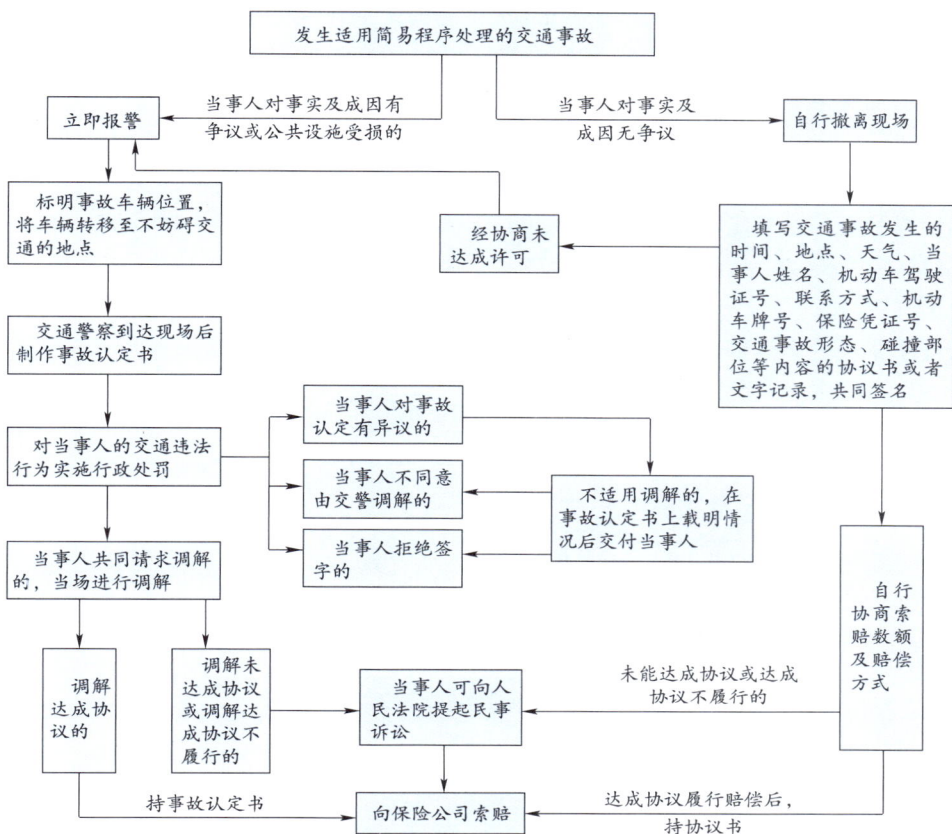

适用简易程序处理的交通事故处理流程图

② 一般处置程序

除适用自行协商和简易程序的事故外，其他道路交通事故的处置程序主要包括调查（包括一般规定，现场调查，交通事故逃逸协查，检验、鉴定、交通事故认定书）、责任认定、处罚执行、损害赔偿调解等程序。

（1）调查。

公安机关交通管理部门对交通事故进行调查时，当事人应当积极配合，服从指挥。如协助组织抢救伤员，协助勘查、保护事故现场；不得干扰公安机关交通管理部门疏导交通，以及固定、提取或者保全现场证据材料等工作；当事人和证人应在现场图、现场勘查笔录上签字。

驾驶员若有饮酒或者服用国家管制的精神药品、麻醉药品嫌疑的，应当配合公安机关交通管理部门做好抽血或者尿样提取工作。因收集证据需要，公安机关交通管理部门可以扣留事故车辆及机动车行驶证，并开具行政强制措施凭证，同时可以扣押与事故相关的物品，并开具清单。

（2）责任认定。

公安机关交通管理部门应根据当事人的行为对发生道路交通事故所起的作用以及过错的严重程度，确定当事人的责任。

①全部责任。因一方当事人的过错导致交通事故的，承担全部责任；当事人逃逸，造成现场变动、证据丢失，公安机关交通管理部门无法查证交通事故事实的，逃逸的当事人承担全部责任；当事人故意破坏、伪造现场、毁灭证据的，承担全部责任。

②主要责任、同等责任、次要责任。因两方或者两方以上当事人的过错发生交通事故的，根据其行为对事故发生的作用以及过错的严重程度，分别承担主要责任、同等责任和次要责任。

③无责。各方均无导致道路交通事故的过错，属于交通意外事故的，各方均无责任。一方当事人故意造成道路交通事故的，他方无责任。

公安机关交通管理部门在查明事故原因、认定事故责任、确定事故损失后，出具交通事故认定书。

（3）处罚执行。

公安机关交通管理部门在作出道路交通

事故认定之日起5日内，对当事人的道路交通安全违法行为依法作出处罚。

（4）损害赔偿调解。

对交通事故损害赔偿的争议，当事人可以请求公安机关交通管理部门调解，也可以直接向人民法院提起民事诉讼。经公安机关交通管理部门调解，当事人未达成协议或者调解协议生效后不履行的，当事人可以向人民法院提起民事诉讼。

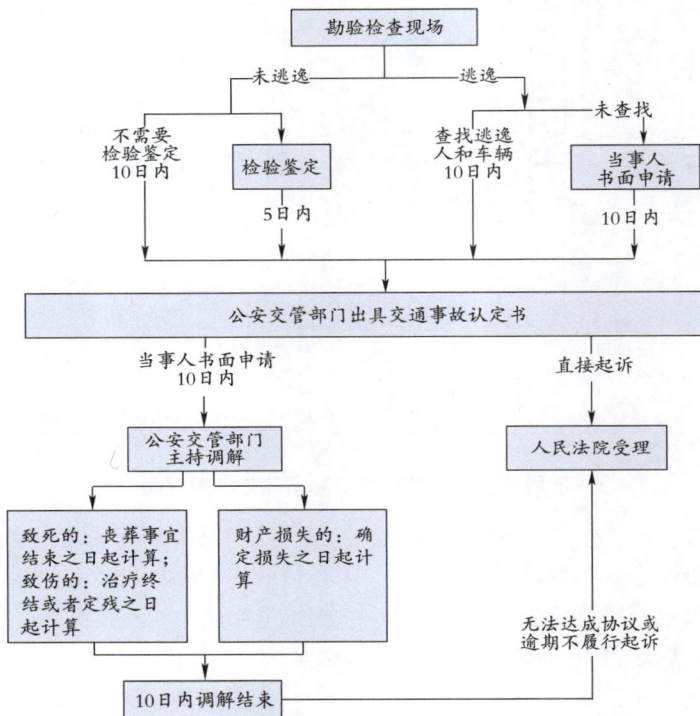

适用一般处置程序处理的交通事故处理流程图

二 保险常识和交通事故理赔

1 基本险

1 机动车交通事故责任强制保险

简称交强险，是指当被保险车辆发生道路交通事故对本车人员和被保险人以外的受害人造成人身伤亡和财产损失时，由保险公司在责任限额内予以赔偿的具有强制性质的责任保险。

2 车辆损失险

是被保险人或其允许的合格驾驶员在

使用保险车辆过程中，因碰撞、倾覆、火灾、爆炸、外界物体倒塌、空中物体堕落、保险车辆行驶中平行坠落、雷击、暴风、龙卷风、暴雨、洪水、海啸、地陷、冰陷、崖崩、雪崩、雹灾、泥石流、滑坡、载运保险车辆的渡船遭受自然灾害（只限于驾驶员随车照料者）等原因造成保险车辆的损失，保险人负责赔偿。

3 第三者责任险

负责赔偿保险车辆因意外事故，致使第三者遭受人身伤亡或财产的直接损失，保险人依照保险合同的规定给予赔偿。

2 附加险

（1）在投保了车辆损失险的基础上方可投保全车盗抢险、玻璃单独破碎险、车辆停驶损失险、自燃损失险、新增设备损失险等。

（2）在投保了第三者责任险的基础上方可投保车上人员责任险，无过失责任险、车载货物掉落责任险。

（3）在投保了车辆损失险和第三者责任险的基础上方可投保不计免赔特约险。附加险条款与基本险条款相抵触处，以附加险条款为准；未尽之处，以基本险条款为准。

3 交通事故理赔

被保险机动车发生道路交通事故，被保险人或者受害人通知保险公司的，保险公司应当立即予以答复，告知被保险人或者受害人具体的赔偿程序等有关事项。

1 交强险赔偿

（1）被保险机动车发生道路交通事故造成本车人员、被保险人以外的受害人人身伤亡、财产损失的，由保险公司依法在机动车交通事故责任强制保险责任限额范围内予以赔偿。道路交通事故的损失是由受害人故意造成的，保险公司不予以赔偿。

（2）由于驾驶员未取得驾驶资格或者醉酒发生道路交通事故，被保险机动车被盗期间肇事，被保险故意制造道路交通事故，造成受害人的财产损失的，保险公司不承担赔偿责任。对于垫付的抢救费用，保险人有权向致害人追偿。

（3）交通事故责任强制保险在全国范围内实行统一的责任限额，责任限额分为死亡伤残限额、医疗费用赔偿限额、财产损失赔偿限额以及被保险人在道路交通事故中无责任的赔偿限额。

2 商业险赔偿

（1）保险人依据保险车辆驾驶员在事故中所负责任的比例，承担相应赔偿责任。

（2）车辆损失险按以下规定赔偿。

①全部损失。保险金额高于实际价值时，以出险当时的实际价值计算赔偿。保险金额等于或低于实际价值时，按保险金额计算赔偿。

②部分损失。以新车购置价确定保险金额的车辆，按实际修理及必要、合理的施救费用计算赔偿；保险金额低于新车购置价值的车辆，按保险金额与新车购置价值的比例计算赔偿修理及施救费用。

（3）根据保险车辆驾驶员在事故中所负责任，车辆损失险和第三者责任险，在符合赔偿规定的金额内实行绝对免赔率：负全部责任的免赔20%，负主要责任的免赔15%，负同等责任的免赔10%，负次要责任的免赔5%，单方肇事事故的绝对免赔率为20%。

3 理赔程序

发生道路交通事故后，驾驶员在第一时间向公安机关交通管理部门和保险公司报案。涉及保险理赔事项，应当协助保险公司对事故车辆进行查勘、照相和定损工作。当事人持交通事故认定书、损失清单、保险单等材料，及时向保险公司申请索赔，最终获得赔偿。具体流程见下图。

小知识

道路交通事故社会救助基金

国家设立道路交通事故社会救助基金，是对在道路交通事故中导致人身伤亡之后抢救费用超过强制保险责任限额、肇事机动车未参加强制保险或机动车肇事后逃逸的丧葬费用，部分或者全部抢救费用先行垫付，但救助基金管理机构有权向道路交通事故责任人追偿。

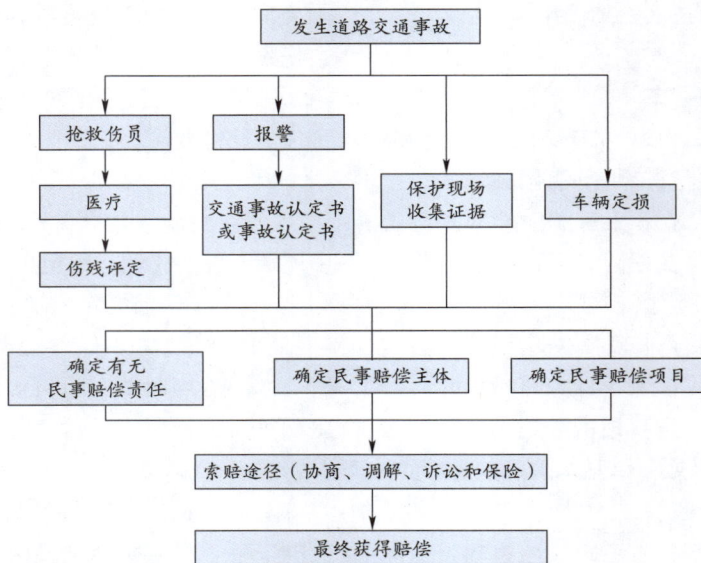

道路交通事故理赔流程图

三 乘客救护基本知识

1 救护的基本原则

保障乘客的人身安全，是出租汽车驾驶员的基本职业要求。当发生道路交通事故或乘客突发疾病等意外事件，乘客需要紧急救护时，驾驶员应在第一时间拨打救援电话，并根据掌握的救护知识力所能及对伤、病员实施及时有效的初步救援和护理，延长伤、病员的生命进程。为专业医护人员的抢救赢得时间，特别是乘客受伤或者发病后的几分钟、十几分钟，是抢救危重伤病员"黄金时刻"。

出租汽车驾驶员实施救护的基本原则是分轻重缓急、先抢后救、先重后轻、先急后缓、先近后远、先止血后包扎再固定搬运。驾驶员要根据自身具备的专业救护能力冷静、科学施救，超出能力范围的，切不可盲目施救，要及时求助专业救护人员。

交通事故造成的人体创伤主要有：头部撞击造成的颅脑损伤、颈部损伤，躯干撞击造成的四肢骨折，人体各部肌肉挫伤或拉伤，人体表面的擦伤及碾压、烧伤、内脏器

官的外力创伤等。乘客突发疾病意外事件主要有：心脑血管病导致的心肌梗塞、脑中风等，食物中毒引起的胃肠道疾病等。

2 救护的基本程序和方法

1 判断危重病情

指在事发现场进行巡视后对伤、病员的最初评估，主要检查病人的意识、气道、呼吸、循环体征、瞳孔反应等。

（1）意识。

先判断神志是否清醒，高声呼唤、轻拍、推动时伤、病员会有睁眼或肢体反应，表明伤、病员有意识，否则表明意识丧失，已陷入危重状态。

（2）气道。

伤、病员有反应但不能说话、不能咳嗽，可能存在气道梗阻，必须检查清除。

（3）呼吸。

正常人呼吸12～18次/min，疏通气道后，对无反应的伤、病员进行呼吸检查。如呼吸停止，立即进行人工呼吸。

（4）循环体征。

可以通过呼吸、咳嗽、运动、皮肤颜色、脉搏等情况进行判断。正常人心跳60～80次/min，儿童110～120次/min。严重

乘客突发疾病的应急处置

心脏急症如心肌梗死、心律失常以及严重创伤、大失血等危及生命时，心跳或加快，超过100次/min；或减慢至40～50次/min；或不规则，忽快忽慢、忽强忽弱，以上均为心脏呼救信号。

（5）瞳孔反应。

当伤、病员出现脑部受伤、脑出血、严重药物中毒症状时，瞳孔可能缩小到针尖大小，也可能扩大到黑眼球边缘。

对上述生命体征进行判断后，再对伤、病员的头、颈、胸、腹、盆腔和脊柱进行检查，包括有无开放性损伤、骨折、触痛、肿胀等体征。注意检查有无活动性出血，如有应立即止血。严重的胸腹部损伤，容易引起休克甚至死亡。

② 紧急呼救

（1）当现场病情判断后需立即救护，应尽快拨打120、110呼救。

（2）呼救电话必须简洁地表达人、地、状、救护措施。

①人：报告人的电话号码与姓名；伤病员的姓名、性别、年龄和联系电话。

②地：现场所在的位置，尽可能地指明街道交汇处和显著地标。

③状况：伤病员目前的危重状况，如昏倒、呼吸困难、大出血等。

（3）呼叫结束时，要等对方先挂断。

③ 发生道路交通事故时的伤员处置

出租汽车汽车发生交通事故，可能是第三者受伤或乘客受伤，可能是单人也可能是多人，抢救时应先救命、后治伤，先重伤、后轻伤，抢救过程要着重注意以下几点：

（1）尽快把伤者救离事故现场，尽量选择救护车能够接近的安全地点实施抢救。

（2）伤者被卡不能自行下车时，要尽可能设法支开物体，设法轻柔地将伤者移出车内，尽量避免二次受伤。

（3）按前述判断方法对伤者进行检查，分清伤情。

> 移动伤员时，要避免使其二次受伤！

（4）抢救伤员时如发现心脏停止跳动，应立即实施人工呼吸和胸外心脏按压。方法如下：

①将伤员放置于心肺复苏体位，救护者跪于伤员一侧。

②采用抬颈压额，打开气道，判断呼吸，用5s看、听、感觉检查伤员呼吸情况。

③进行口对口人工呼吸，捏紧鼻翼，包严嘴唇，连续吹气2次，每次2min，同时观察胸部起伏。

④判断循环，触摸颈动脉，观察有无咳嗽和其他运动，用5～10s判断有无心跳。

⑤心脏挤压定位，救护人一手食指、中指并拢，沿伤员一侧肋弓向上滑行至两侧肋弓交界处，另一手掌根紧靠食指放好，按压部位在胸骨下1/2处。

⑥准确定位后，双手掌根垂直向下用力，下压深度4～5cm，连续进行15次胸外挤

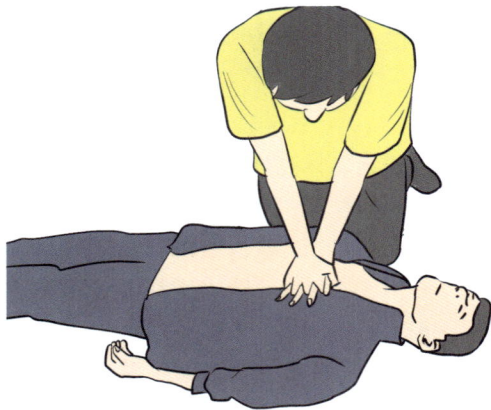

胸外心脏按压法

压,频率为100次/min。

口对口人工吹气与胸外按压操作反复进行,吹气、挤压之比为2:15,每3～4min停止一次操作,检查呼吸与循环情况。

(5)应尽可能用救护车运送伤员,可以使伤员平卧,减少运送途中的二次损伤。

4 乘客突发疾病意外事件的处置

出租汽车驾驶员在运营工作中发现乘客身体异常,应本着救死扶伤的人道主义精神承担应尽的抢救义务,除应对乘客病情按前述进行判断检查,实施力所能及的救护措施与紧急呼救外,还应注意以下几点:

(1)乘客胸部和腹部突发疼痛时,要让其安静,能就近找到医生处理最好。乘客腹部肌肉紧张疼痛时,可采用将膝盖下垫高的方法进行缓解。

(2)有心脏病和肺病的乘客,呼吸困难时可保持半坐姿势,没有医嘱不要乱服药。

(3)患有心梗的乘客,可采取含服硝酸甘油或亚硝酸异戊酯等救助;在找不着药物时也可以采取一些中医的办法如指压内关穴、间使穴、人中穴等方法临时救急。患有脑卒中的乘客,可将其头部垫起20～30cm,避免头部充血。癫痫患者在发作前会出现肢体颤搐、出大汗等先兆,应迅速解开衣扣,清除口腔内异物,将手帕或木棍置于乘客上下牙之间,以防咬伤舌头。同时,用衣物或垫子等物保护好乘客的头部,防止创伤,不要试图按住正在发病的乘客,不要制止其抽搐。

5 危重伤病员的抢救方法

(1)昏迷、休克伤、病员的抢救。

①产生昏迷、休克的原因很多,常见的中暑、缺氧、药物过敏、中毒以及外力刺激大脑、心脑血管疾病、糖尿病都会引发昏迷和休克。

②使伤、病员保持平卧,下肢略抬高,保持呼吸道畅通,头偏向一侧,以防呕吐物、分泌物误吸入呼吸道。

③体温过低者应保暖,盖上被或衣物,高烧伤、病员应采取降温措施。密切注意其呼吸、心率、血压、尿量等情况。

(2)呼吸障碍伤病员的抢救。

①对呼吸障碍的伤、病员,应立即实施心肺复苏抢救,以防因缺氧而危及生命。呼吸障碍者的症状为呼吸急促、呼吸微弱,表现为无呼吸声和无呼吸运动。

②抢救时,应抬起患者下颌使呼吸道畅通。抢救不起作用时,应仔细检查嘴和咽喉内是否存在异物,设法吸出和清除异物后,继续实施抢救。

(3)失血伤员的抢救。

①处理失血可以通过外部压力止血,如指压止血法,使伤口流血止住,然后系上绷带。

②失血过多,往往会产生休克症状。因此,止血后应采取防止休克的措施,如抬起伤员腿部直至垂直状态、采取保暖措施、防止热损耗、反复检查呼吸和脉搏等。

(4)烧伤伤员的抢救。

烧伤现场急救应去除伤因,如扑灭火焰、脱离现场、保护创面、维持呼吸道畅通,急救措施主要有:

①用冷清水冲洗或浸泡伤处,降低表皮温度,同时紧急呼救。

②脱去受伤处饰物。

③烧伤伤员口渴时,可口服少量淡盐水或淡盐茶,条件许可时可饮治烧伤的饮料。

④窒息者,应对其实施心肺复苏抢救。伴有外伤大出血者,应予止血;骨折者应作临时固定。

⑤严重者,应尽快送医院治疗。

(5)头部损伤伤员的抢救。

头部损伤是常见的创伤。头皮血管丰富,出血较多,常伴有颅骨骨折和颅脑损伤。

①若伤员意识清醒、呼吸脉搏正常、损伤不严重,可对其进行伤部止血、包扎处

理，将伤员移到可倚靠的地方，如墙根和大树旁边，用软物将头和肩垫好。

将伤员移到可以倚靠的地方！

②若伤员出现昏迷，要保持呼吸畅通，关注呼吸和脉搏。

③对头部伤口的包扎，要尽量选用无菌敷料或洁净布料，以达到压迫止血的目的，也可用尼龙网套固定敷料包扎。

④若有耳、鼻漏液说明有颅底骨折。有条件先用无菌棉擦净耳、鼻周围的血迹及污染物，用酒精消毒。若无以上用品，可用清洁毛巾、纸巾代替。

⑤严重者，应立即送医院治疗。

（6）骨折伤员的处置。

①防止伤员休克，不要移动伤员身体的骨折部位。伤员脊柱可能受损时，不要改变姿势。

②对于有关节损伤（扭伤、脱臼、骨折）的伤员，应避免其活动，不要改变损伤瞬间的位置、姿势，更不能自行复位；安放到固定位置后，保持损伤骨节的静止。

③骨折处有出血时，应先止血和消毒包扎伤口，然后固定。对于大腿、小腿和脊椎骨折的伤员，一般应就地固定，不要随便移动。

④把骨折伤员抬上担架时，要遵循医护工作人员的指导。由三名救护人员把手托放在伤员身下，在统一指挥下，一起抬起伤员的躯干，抬上担架。

四　消防常识

车辆行驶中，会因车辆线路短路、交通事故等诸多因素诱发火灾，导致车辆受损和人员伤亡。车辆发生火灾时，切不可惊慌失措，应迅速疏散乘客，疏散乘客时应当逆着风向躲避。出租汽车驾驶员应掌握失火部位及发生火灾的原因，冷静地采取果断措施，从而降低因火灾造成的人员伤亡和财产损失。

1　车辆起火预防

1　做好车辆的日常检查

定期检查车辆电器线路、开关、车灯等的插接头（或连接头）是否有松动或脱落等情况，特别要注意检查点火开关、蓄电池等大电流的电器件接线柱、导线的连接、绝缘等是否可靠，经常检查发动机及底盘是否有漏油现象。

出租汽车火灾事故处置方法

2　防止电线短路

发现电流表指示过大的放电电流、电器工作突然中断、闻到胶皮臭味或见到机罩盖边隙处和仪表台附近冒烟，应迅速靠边停车熄火，断开全车总电源开关，查清原因排除故障。

3　不违章操作

行车过程中一旦出现故障，应尽量靠边停车。如果自己不能解决，应等待专业救援，切忌自己动手乱操作。

4　车内不存放危险物品

开车时不载汽油、酒精、鞭炮等易燃易爆品；不存放打火机、香水、摩丝等易燃品；遇乘客携带危险品上车予以阻止。

5 防止发动机回火

发现发动机有回火现象，一定要检查油路和电路，并进行相应调整。

6 必须按规定随车携带灭火器

车载灭火器是出租汽车必备的消防用具，而且有保质期，一般不要超过5年，一定要按要求配置和更换。

2 车辆起火处置

车辆起火时，出租汽车驾驶员应当立即停车，关闭车辆油路、电路，疏散乘客逃离火灾，并及时报警。在条件具备的情况下，尽量将车辆停在远离加油站、高压电线的地段，并设法救火。

1 灭火常识

（1）如果是发动机着火，应迅速关闭发动机，尽量不打开发动机罩，从车身通气孔、散热器及车底侧进行灭火。

（2）因翻车、撞车等车祸而引起火灾时，应首先抢救伤员并对车辆采取有效的补救措施或用路边田地中的砂、土掩盖，或用棉被、衣服浸水扑盖，也可用篷布蒙盖，使其熄灭。

（3）燃油着火时，切不可用水去浇，要做好油箱的防爆工作，并切断油路，选择适用的灭火器灭火；若无灭火器，可用路边沙土或厚布、工作服等覆盖灭火以防加剧火势蔓延。

（4）冬季车辆使用含酒精的防冻液着火，可立即用水浇泼着火部位，冲淡酒精防冻液的浓度，从而迫使火势减弱而熄灭。

（5）救火时，应脱去所穿的化纤服装，

注意保护暴露在外面的皮肤。不要撕扯已经粘在皮肤上的衣服，以免将表皮一起撕下，造成细菌侵入。不要张嘴呼吸或高声呐喊，以免烟火灼伤上呼吸道。

（6）水可以用于熄灭纸张和轮胎等引起的火焰，但不能用来熄灭电器、汽油着火。

（7）如果不知道用什么方法灭火，尤其遇易燃危险品着火时，应求助于专业人员或等待消防队灭火，切不可盲目灭火。

2 车载灭火器使用方法

车载灭火器一般为手提式干粉灭火器，它的使用方法分3个步骤：

（1）在距燃烧物5m左右处开启，撕掉小铅块；

（2）拔出保险销；

（3）右手压下压把后提起灭火器，左手握住喷嘴，将干粉喷向燃烧区。

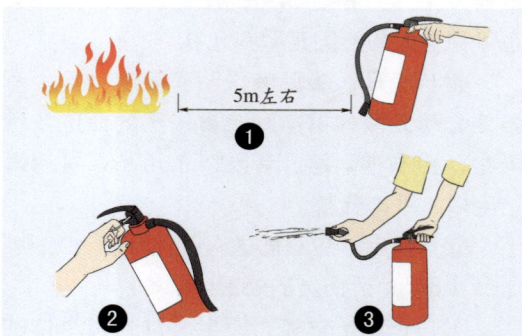

注意事项：保持灭火器呈正立状态，并将干粉射流喷向燃烧的火焰根部。在室外使用时，要注意站在上风向喷射，并随着射程缩短，要逐渐接近燃烧区，以提高灭火效率。

练习题

其他相关知识（116题）

一、判断题（45题）

1. 出租汽车计程计价设备必须经质量技术监督部门检定合格才能使用。（√）

2. 巡游车驾驶员收取单程附加费时，不需向乘客说明。（×）

3. 网约车运价实行政府定价的政策。（×）

4. 巡游车运价实行政府定价或政府指

导价。 (√)

5. 巡游车计价器显示的车费不包含车辆通行费。 (√)

6. 出租汽车运价和油价联动机制应当根据运价水平设置启动点。 (×)

7. 巡游车运营时发现计价器有故障，必须终止运营，将计价器送往有计价器维修资质的部门维修。 (√)

8. 车轮滚动阻力系数与路面有着密切关系。 (√)

9. 轮胎充气压力过高，不会降低轮胎寿命。 (×)

10. 汽车直线行驶时受到的空气作用力在行驶方向上的分力，称为空气阻力。 (√)

11. 减少空气阻力不会改善汽车的行驶经济性。 (×)

12. 驾驶员应该结合使用条件定期给汽车更换机油。 (√)

13. 冷却系统状况不良燃油消耗量会增大。 (√)

14. 轮胎压气压过低会增大轮胎的滚动阻力，油耗会显著增加。 (√)

15. 驾驶车辆爬坡过程中，感到动力不足时应及时减挡，而不应一味猛踩加速踏板。 (√)

16. 润滑油是减少汽车磨损和阻力的保证，好润滑材料可延长机件的寿命，降低燃料消耗和尾气排放。 (√)

17. 空气滤清器太脏会阻碍空气畅通，会燃油消耗。 (√)

18. 行车速度过慢，发动机的热效率低，相对的污染物排放不会减少。 (√)

19. 交通事故当事人逃逸，造成现场变动、证据丢失的，逃逸的当事人承担主要责任。 (×)

20. 交通事故当事人故意破坏、伪造现场、毁灭证据的，当事人承担全部责任。 (√)

21. 因两方或者两方以上当事人的过错发

生交通事故的，过错大的一方承担全部责任。 (×)

22. 交通事故因双方当事人的过错引发，双方当事人分别承担同等责任。 (√)

23. 交警在调查交通事故是因收集证据的需要，可以扣留事故车辆。 (√)

24. 交通事故当事人未达成协议或者调解协议生效后不履行的，当事人不能直接向人民法院提起民事诉讼。 (×)

25. 交警记录交通事故发生的相关要素和有关凭证，当事人拒不撤离现场的，交警可以予以强制当事人撤离。 (√)

26. 出租汽车驾驶发生未造成人身伤亡的道路交通事故，当事人对事实及成因无争议的，适用简易程序。 (√)

27. 购买车辆保险时，附加险可以单独购买。 (×)

28. 交通事故责任强制保险在各省范围内实行统一的责任限额。 (×)

29. 驾驶员未取得驾驶资格发生交通事故的，保险公司应承担赔偿责任。 (×)

30. 被保险机动车被盗期间肇事的，保险公司应承担赔偿责任。 (×)

31. 第三者责任事故赔偿后，合同保险责任终止。 (×)

32. 对伤者高声呼唤、轻拍、推动时伤病员会睁眼或肢体反应，表明伤病员有意识。 (√)

33. 遇紧急情况拨打呼叫电话时，要先行挂断电话抓紧时间抢救。 (×)

34. 发生交通事故后要第一时间保护现场，等交警赶到现场再抢救伤员。 (×)

35. 发生交通事故后，为了争取时间，一定要在现场对伤员进行抢救。 (×)

36. 乘客发生疾病意外事件时，出租汽车驾驶员要本着救死扶伤的人道主义精神，承担应尽的抢救义务。 (√)

37. 失血过多，往往会产生休克症状，所以流血止住后应采取防止休克的措施。 (√)

38. 若烧伤伤员口渴，可口服少量淡盐水或淡盐茶。 （✓）

39. 若行车途中发现火灾隐患，应迅速靠边停车熄火，断开全车总电源开关，查清原因排除故障。 （✓）

40. 车载灭火器使用前应拔出保险销。 （✓）

41. 冬季车辆使用含酒精的防冻液着火，不能用水浇泼着火部位。 （×）

42. 实施心肺复苏时，救护者应坐于伤员一侧。 （×）

43. 抢救骨折伤员时，可使用硬性担架抬起，亦可用门板，由 3 名救护人员把手托在伤员身下，抬起伤员。 （✓）

44. 骨折伤员应停止活动。对于出现骨盆骨折的伤员，应仰卧屈膝；有肢体骨折的，不要活动伤肢。 （✓）

45. 对于呼吸窒息者，应对其进行人工呼吸；伴有外伤大出血者，应予止血，且骨折伤员不能固定。 （×）

二、单选题（50题）

1. 巡游车驾驶员载客到达目的地后，在收取车费前正确使用计价器的方法是（B）。
   A. 竖起空车牌　　　　B. 按下暂停键
   C. 关闭计价器　　　　D. 车辆熄火

2. （B）是指乘客租用巡游车的最低计价里程。
   A. 计程　　　　　　　B. 起程
   C. 加价　　　　　　　D. 单价

3. 乘客乘坐出租汽车过程中如遇等候，收取等候费正确的做法是（B）。
   A. 与乘客协商后收取
   B. 按计程计价设备显示的金额收取
   C. 按乘客愿意支付的金额收到
   D. 按出租汽车公司规定收取

4. 出租汽车驾驶员应当按计程计价设备显示金额及相关规定收费，并出具（A）。
   A. 有效车费票据　　　B. 机打小票

C. 存根　　　　　　　D. 收据

5. 因出租汽车车辆或者驾驶员个人原因在运营过程中终止运营的，应（D）计费。
   A. 取消　　　　　　　B. 重新
   C. 终止　　　　　　　D. 暂停

6. 汽车尾气中的（C）是产生温室效应、造成地球变暖的主要因素。
   A. 二氧化硫（SO_2）
   B. 固体颗粒物
   C. 二氧化碳（CO_2）
   D. 一氧化碳（CO）

7. 一般情况下，经济车速是汽车最高设计车速的（D）左右。
   A. 20%～35%　　　　B. 30%～40%
   C. 45%～50%　　　　D. 50%～75%

8. 无论夏季还是冬季都必须使发动机保持（D）的正常水温。
   A. 50～60℃　　　　B. 60～70℃
   C. 70～80℃　　　　D. 80～90℃

9. 水温控制得过低，（C）黏度增大，机件运动阻力增大。
   A. 防冻液　　　　　　B. 汽油
   C. 润滑油　　　　　　D. 制动液

10. 高于（A）db 的噪声会使人心情不安、烦躁、疲倦和工作效率下降。
    A. 70　　　B. 50　　　C. 40　　　D. 80

11. 由于混合气不均匀、燃烧室过冷等原因造成部分燃油未及燃烧就被排放出去的污染物是（B）。
    A. 一氧化碳（CO）
    B. 碳氢化合物（HC）
    C. 氮氧化物（NO_x）
    D. 颗粒物（PM）

12. 氮氧化物（NO_x）、碳氢化合物（HC）经阳光照射，在大气中形成光化学烟雾，会损伤人的（B）。
    A. 皮肤　　　　　　　B. 呼吸系统
    C. 眼睛　　　　　　　D. 消化系统

13. 氮氧化物（NO_x）和二氧化硫（SO_2）在大气中可产生（C）。

A. 雾气
B. 臭气
C. 酸雨
D. 霾

14. 涉及人员伤亡的交通事故不能用（B）。
A. 一般程序
B. 简易程序
C. 调查程序
D. 损害赔偿调解程序

15. 汽车节能驾驶应以（C）为前提，否则就毫无意义。
A. 经济效益
B. 节约
C. 安全
D. 增加收入

16. 驾驶出租汽车时，采用下列哪种做法可以节省燃料？（D）。
A. 发动机怠速时踩踏加速踏板
B. 发动机长时间空转
C. 将冷却液温度一直在较低水平
D. 合理选择挡位行车

17. 下列哪种行为不能达到节约燃料目的？（B）
A. 合理选择挡位行车
B. 频繁换挡变速
C. 合理利用空调
D. 减轻车辆质量

18. 发生有人员伤亡的道路交通事故，需要保护现场时，错误的做法是（D）。
A. 标记车辆、伤员位置
B. 标围封闭现场
C. 遇雨雪等可能对现场造成破坏时，对尸体、血迹、制动印痕及现场散落物等进行遮盖
D. 清理干净现场

19. 机动车发生交通事故后，当事人逃逸的，逃逸的一方承担（A）。
A. 全部责任
B. 主要责任
C. 次要责任
D. 部分责任

20. 道路交通事故发生后，有故意破坏、伪造现场，毁灭证据等行为的当事人将承担（A）。
A. 全部责任
B. 主要责任
C. 次要责任
D. 同等责任

21. 出租车驾驶员对行人或非机动车故意制造交通事故的当事人应采取的做法是（A）。
A. 报警处理
B. 私了解决
C. 花钱免灾
D. 一走了之

22. 道路交通事故发生后，保险公司应当自收到被保险人提供的证明和资料之日起（B）日内，对是否属于保险责任作出核定，并将结果通知被保险人。
A. 3
B. 5
C. 7
D. 10

23. 道路交通事故发生后，属于保险责任的，保险公司在与被保险人达成赔偿保险金的协议后（D）日内，保险公司赔偿保险金。
A. 3
B. 5
C. 7
D. 10

24. 被保险车辆发生道路交通事故对本车人员和被保险人以外的受害人造成人身伤亡和财产损失时，由保险公司在责任限额内予以赔偿的具有强制性质的责任保险是（B）。
A. 车损险
B. 交强险
C. 意外险
D. 第三者责任险

25. 保险车辆因意外事故，致使第三者遭受人身伤亡或财产的直接损失，保险人依照保险合同的规定给予赔偿的保险是（D）。
A. 车损险
B. 交强险
C. 意外险
D. 第三者责任险

26. 在投保了（D）的基础上方可投保车上人员责任险、无过失责任险和车载货物掉落责任险。
A. 车损险
B. 交强险
C. 意外险
D. 第三者责任险

27. 被保险机动车发生道路交通事故的，由（A）向保险公司申请赔偿保险金。
A. 被保险人
B. 受害人
C. 交警部门
D. 定损员

28. 保险公司应当自收到被保险人提供的证明和资料之日起（A）日内，作出保险责任核定。
A. 5
B. 7
C. 10
D. 15

29. 被保险人与保险公司对赔偿有争议的，可以依法申请仲裁或者（B）。

A. 向有关部门举报

B. 向人民法院提起诉讼

C. 单方解除合同

D. 要求退保

30. 保险公司应当自收到赔偿申请之日起（A）日内，书面告知被保险人需要向保险公司提供与赔偿有关的证明和资料。

A.1　　　　B.3　　　　C.5　　　　D.7

31. 正常人呼吸（B）次/min。

A.10~12　　　　　　B.12~18

C.18~30　　　　　　D.30~50

32. 正年人正常人心跳（C）次/min。

A.40~50　　　　　　B.50~60

C.60~80　　　　　　D.80~90

33. 儿童正常心跳（D）次/min。

A.80~90　　　　　　B.90~100

C.100~110　　　　　D.110~120

34. 严重心脏急症如心肌梗死、心律失常以及严重创伤、大失血等危及生命时，心跳或加快，超过（D）次/min。

A.85　　B.90　　C.95　　D.100

35. 乘客突发急病，腹部肌肉紧张疼痛时，可采用（D）的方法进行缓解。

A. 搓揉腹部

B. 将腹部垫高

C. 拍打腹部

D. 将膝盖下垫高

36. 有心脏病和肺病的患者，呼吸困难时可保持（A）姿势，没有医嘱，不要乱服药。

A. 半坐　　　　　B. 平躺

C. 半躺　　　　　D. 正坐

37. 烧伤伤员应用（A）冲洗或浸泡伤处。

A. 冷清水

B. 温清水

C. 冰水

D.37℃以上的清水

38. 头部伤口的包扎，要尽量用无菌敷料或洁净布料（A）。

A. 压迫止血　　　　B. 止血

C. 包扎　　　　　　D. 固定

39. 伤员骨盆骨折的应（B），肢体骨折不要活动伤肢。

A. 侧卧屈膝　　　　B. 仰卧屈膝

C. 下肢抬高　　　　D. 半坐半卧

40. 车载灭火器应在距燃烧物（B）m左右处开启。

A.3　　　B.5　　　C.6　　　D.10

41. 用车载灭火器灭火时应将干粉射流喷向燃烧的火焰（D）。

A. 上部　　　　　B. 中部

C. 中下部　　　　D. 根部

42. 使用车载灭火器灭火时，使用者应站在（A）向火焰喷射。

A. 上风　　　　　B. 下风

C. 高处　　　　　D. 低处

43. 出租汽车发生下列哪类火灾可以用水扑救？（A）

A. 轮胎起火　　　　B. 柴油起火

C. 汽油起火　　　　D. 发动机起火

44. 出租汽车驾驶员抢救伤员时，应（B）。

A. 先治伤，后救命

B. 先救命，后治伤

C. 仅救治重伤员

D. 仅救治轻伤员

45. 心肺复苏时吹气、挤压之比为（B）。

A.1:15　　　　　　B.2:15

C.2:10　　　　　　D.3:15

46. 心肺复苏时胸处挤压频率为（D）次/min。

A.70　　B.80　　C.90　　D.100

47. 心肺复苏采用抬颈压额，打开气道，判断呼吸，用（B）s看、听、感觉检查伤员呼吸情况。

A.3　　B.5　　C.7　　D.9

48. 心肺复苏判断循环，触摸颈动脉，观察有无咳嗽和其他运动，用（B）s判断有无心跳。

A.3~5　　　　　　B.5~10

C.10～15　　　　　D.15～17

49. 口对口人工吹气与胸外按压操作反复进行时，每（B）min 停止一次操作，检查呼吸与循环。

A.1～2　　　　　B.3～4
C.4～5　　　　　D.5～6

50. 心肺复苏时挤压心脏深度（C）cm。

A.2～3　　　　　B.3～4
C.4～5　　　　　D.5～6

三、多选题（21题）

1. 巡游出租汽车计价器显示屏包括（ABCD）。

A. 金额屏　　　　　B. 单价屏
C. 计程屏　　　　　D. 计时屏

2. 出租汽车驾驶员在运营过程中，以下哪些做法是错误的？（ACD）

A. 计程计价设备发生故障时继续运营
B. 路桥通行费由乘客承担
C. 如果乘客目的地在基价里程范围内，可以不使用计程计价设备，直接收取车费
D. 乘客支付车费后，可以不交付乘客出租汽车发票

3. 汽车行驶阻力包括（ABCD）。

A. 滚动阻力　　　　B. 空气阻力
C. 加速阻力　　　　D. 上坡阻力

4. 下列哪些行为有利于节约燃料？（ACD）

A. 合理选择挡位行车
B. 频繁换挡变速
C. 合理利用空调
D. 减轻车辆质量

5. 汽车噪声主要包含（BCD）。

A. 音响声
B. 发动机声
C. 轮胎声
D. 喇叭声

6. 汽车发动机排放的主要污染物有（ABCD）。

A. 氮氧化物（NO_x）

B. 碳氢化合物（HC）
C. 一氧化碳（CO）
D. 颗粒物

7. 水温控制得过低，汽油易（BC），混合气形成不良，燃烧不完全。

A. 液化　　　　　B. 蒸发
C. 雾化　　　　　D. 气化

8. 汽车日常维护是减少机动车的有害排放有效预防手段，正确的维护方法是（ABCD）。

A. 准确调校发动机
B. 按要求进行日常维护
C. 定期更换机油、火花塞、清洗积炭和滤清器，及时更换等
D. 选择合适标号的燃油

9. 下列哪些是节能环保的驾驶操作方法？（ABCD）

A. 减少不必要的超车
B. 起步前预热发动机
C. 条件允许时尽量使用高速挡
D. 合理带挡滑行

10. 交通事故认定书应载明交通事故的（ABC），并送达当事人。

A. 基本事实　　　　B. 成因
C. 当事人的责任　　D. 处理结果

11. 对交通事故损害赔偿的争议，当事人可以（AB）。

A. 请求公安机关交通管理部门调解
B. 直接向人民法院提起民事诉讼
C. 请求民政部门调解
D. 找当事人所在单位解决

12. 投保不计免赔特约险前提是要投（AD）。

A. 车损险　　　　　B. 交强险
C. 意外险　　　　　D. 第三者责任险

13. 抢救伤员时如发现心脏停止跳动，应立即（CD）。

A. 立即终止抢救
B. 保护好现场
C. 实施人工呼吸

D. 实施胸外心脏按压

14. 伤员平卧时应保持呼吸道畅通，头偏向一侧，以防（ AC ）误吸入呼吸道。

A. 呕吐物   B. 头晕

C. 分泌物   D. 胸闷

15. 燃油着火时,若无灭火器,可用(ABC)等覆盖灭火以防加剧火势蔓延。

A. 沙土   B. 厚布

C. 工作服   D. 石子

16. 出租汽车运营间接成本不包括(AD)。

A. 车辆折旧   B. 管理费用

C. 财务费用   D. 燃料费用

17. 适用简易程序处理道路交通事故的条件有（ AC ）。

A. 未造成人身伤亡

B. 机动车损失在 1000 元以下

C. 当事人对事实及成因无争议

D. 一方当事人放弃权力

18. 在遇到交通事故时，要保持冷静，按照（ ABCD ）等原则，进行事故现场的应急处置。

A. 立即报警

B. 抢救伤员

C. 注意现场保护

D. 避免二次事故

19. 有人员伤亡的交通事故现场的保护措施主要包括（ ABC ）。

A. 确定事故现场范围

B. 遇雨、雾、风沙等天气时注意遮盖痕迹

C. 标划伤员位置

D. 联系保险公司

20. 出租汽车驾驶员发生道路交通事故后，处理原则有（ ABCD ）。

A. 立即停车，抢救伤员

B. 保护现场，设立标记

C. 如实反映，听候处理

D. 服从指挥，撤离现场

21. 出租汽车驾驶员抢救烧伤伤员的急救措施包括（ ABC ）。

A. 脱去烧伤处饰物

B. 用冷清水冲洗或浸泡伤处

C. 伤员若口渴可口服少量淡盐水

D. 使用油膏或油等敷抹烧伤处